典籍里的中国

巾帼佳人

有书 编著

天地出版社 | TIANDI PRESS

图书在版编目（CIP）数据

典籍里的中国. 巾帼佳人 / 有书编著. — 成都：
天地出版社，2022.1（2024.12重印）
ISBN 978-7-5455-6671-0

Ⅰ. ①典… Ⅱ. ①有… Ⅲ. ①女性—名人—生平事迹—中国—古代 Ⅳ. ①K820.2

中国版本图书馆CIP数据核字（2021）第242557号

DIANJI LI DE ZHONGGUO · JINGUO JIAREN

典籍里的中国·巾帼佳人

出品人	杨　政
作　者	有　书
责任编辑	杨　露
特邀编辑	李媛媛
封面设计	今亮後聲 HOPESOUND 2580590616@qq.com · 胡振宇 赵晓冉
内文排版	麦莫瑞文化
责任印制	王学锋

出版发行	天地出版社 （成都市锦江区三色路238号　邮政编码：610023） （北京市方庄芳群园3区3号　邮政编码：100078）
网　址	http://www.tiandiph.com
电子邮箱	tianditg@163.com
经　销	新华文轩出版传媒股份有限公司

印　刷	河北鑫玉鸿程印刷有限公司
版　次	2022年1月第1版
印　次	2024年12月第43次印刷
开　本	880mm×1230mm　1/32
印　张	8
字　数	165千字
定　价	39.80元
书　号	ISBN 978-7-5455-6671-0

自"有书相伴，终身成长"确立为有书的品牌理念以来，有书一直都践行着帮助大家通过阅读、学习、思考、实践而不断完成自我成长，以达到"终身成长"的目标，帮助大家追求更美好的生活，创造和实现人生更大的价值，赋予生命更丰富的意义。

在此之前，自有书成立的那一天起，我们也一直都在做着这样一件事，那就是通过有效途径，带领数千万和我们一起学习的书友们，实现知识范围的拓展、认知层次的提升、思考方式的转变、个人技能的发展，从而实现无论是精神生活还是现实生活，都进入一个更加幸福的状态。

在帮助书友实现"终身成长"的过程中，产品输出文化内容，为大家带去文化价值，一直是有书内容体系的目标和意义之一，"文化"也一直是"有书"公众号最主要、最鲜明的标签。

有书的同学，尤其是新媒体的同学们都相信并感同身受地认为，文化内容带给人们的力量，绝不亚于任何其他形式，文化的作用是潜移默化又深远持久的。

我们相信"腹有诗书气自华"，文化的价值是不能够量化的，持续被文化内容熏陶，在文化知识中学习进步，给人带来的改变是自内而外的。

一个人持续被文化内容影响，往往先从思想开始发生改变，当读过了足够多的好的书籍，领略过了足够优质的文化内容，内心会产生一种自信，伴随自信而生的，是眼界的拓宽，智识的增长，看待事物、思考问题的方式逐渐优化，等等。

一个人内心足够强大，会如拥有才华一样外溢，会因内部强大而改变外部条件。这也是我们坚信一个人拥有了足够丰富的文化知识，就一定能够创造出外化价值的根本原因。

传播文化内容，提供文化价值，借助博大精深的中华文化帮助大家高效成长，是有书的理念，也是有书新媒体肩负的使命。多年来，有书新媒体矢志不渝地坚持着这项使命，而这一次在"有书"公众号上开设的《名著》专刊，可以说是在践行过程中的一次创举。

新媒体的同学说，《名著》专刊的创立，传播的文化内容，给读者们带去的价值，改变的人群及取得的成就，都意义非凡，为行业仅有。

而大家所不知晓的是，在碎片化、快节奏的新媒体阅读环境下，打造一个"深耕内容，阅读历史"的日更文化内容专刊，需要克服多少困难。

好在，我们坚持了下来，并取得了日更上线400余篇原创文章，累计读者上千万等傲人成就。为此，必须要为新媒体的同学们点赞。

每一篇文化类的文章，都有其永久的价值，永久的生命力，永久的意义。

这些优秀的好文章虽然发表在了网络平台上，但文章本身的生命意义不应局限于此，因此，当得知新媒体的同学将文章策划出版成为图书时，我为此感到高兴，这是有书新媒体取得的成就，也是有书内容业务的一次丰富，更是因为我们做了这么一件非常有意义的事，传播了主流文化，借助文化的力量改变了更多的人。

在未来，有书会持续创造更有价值的文化内容，借助文化的力量帮助更多的人成长。

我们也相信，在当下，会有越来越多的人愿意去深度学习文化，感受文化的力量，在未来，会有越来越多的人因文化而成长，会因拥有丰富的文化知识而生活得更加美好、更加幸福。

有书创始人兼CEO 雷文涛

2021年6月

目录

Contents

第一章 巾帼英雄

花木兰：代父出征，建功沙场

万里赴戎机，关山度若飞。朔气传金柝，寒光照铁衣。将军百战死，壮士十年归。

归来见天子，天子坐明堂。策勋十二转，赏赐百千强。可汗问所欲，木兰不用尚书郎，愿驰千里足，送儿还故乡。

——《乐府诗集·木兰诗》

提到古时候的"三从四德"，相信很多人都不陌生。其中的"三从"，便是指女子未嫁从父，既嫁从夫，夫死从子。可也有些女子，打破了封建社会对女子的固有认知，绽放出自己独特的光芒。花木兰，就是其中之一。

01

家中孝女，代父出征

据《雌木兰替父从军》记载，花木兰的祖上一直住在河北魏

郡，在西汉时就是六郡良家子。

从西汉开始，朝廷就有征用六郡出身的年轻人从军，或者担任军官的传统。这些年轻人家世清白，但无甚根基，须凭自己的努力，浴血奋战、以死相搏来换取军功和前程。

张籍就在《薄命妇·良家子》里写道："妾薄命，良家子，无事从军去万里。"与家人相离万里，在疆场厮杀搏命，是一个良家子的生活常态。到了木兰父亲这一代，依然要从军打仗。

木兰父亲好武能文，风光时也是个有名的千夫长，比上不足，比下有余。出征平安归来后，木兰一家团圆，也算是皆大欢喜。

魏晋南北朝时期，是中国历史上政局非常混乱的时期。来自草原的游牧民族，在长江以北纷纷立国称帝，战乱连年，烽烟不断。当时，北方游牧民族柔然不断南下骚扰，北魏朝廷规定每家出一名男子上前线。这天，新的征兵文书卷上赫然写着木兰父亲的名字。得知这个消息的木兰心事重重，向来勤劳的她无心织布，一边织布一边叹息。

父亲年事已高，又疾病缠身，木兰实在不忍心年迈多病的父亲还要去战场厮杀。若有兄长，兄长还可以帮父亲分担，但木兰上面只有一个姐姐，下面是一个年幼的弟弟。家里没有强壮的男丁，木兰决定代替父亲出征。

木兰虽是女子，但也读过书，学过武艺，算得上能文能武，做起事来也是麻利果断。主意已定，说干就干。木兰买来骏马，配好鞍鞯、辔头，拿上长鞭，再换上一身男装，妥妥的一个精精神神的少年郎。

离别时，没有泪洒当场的凄凄切切，没有哭哭啼啼的女儿情态，身不由己的年代，连告别都如此沉默。天未大亮，大军早已整装待发，混在男人堆里的木兰带着一腔孤勇，坚定地踏上了远方的战场。

战马嘶嘶，战靴匆匆，早上才出家门，晚上却已在黄河边安营扎寨。木兰再勇敢，也还是个少女，会感觉孤单，也会想念父母。第一次离开父母身边，木兰的耳边再听不到父母呼唤自己的声音，伴着入梦的，只有汹涌的黄河流水声。

离开黄河，来到黑山，听着燕山胡人的战马啾啾的鸣叫声，愈加怀念熟悉的乡音。但这也是木兰勇敢坚定之处。真正的勇敢，不是初生牛犊不怕虎，而是有不舍，会害怕，却依然能坚定地走下去。

02
巾帼英雄，屡立战功

十二年的军旅生涯，在《木兰诗》中，只有短短的三十个字：“万里赴戎机，关山度若飞。朔气传金柝，寒光照铁衣。将军百战死，壮士十年归。”白天翻山越岭、千里迢迢奔赴战场；

晚上还要轮流执勤，清冷的月光映照着身上冰冷的铠甲。将军和壮士们经历了无数次的战斗，几经生死，有的战死沙场，有的侥幸能留下一条命，活着回去与家人团聚。

不诉关山难越，不悲失路之苦，木兰内心的坚强可见一斑，但这不意味着木兰进入军中的处境会很好。战场，可能是将军一战成名的地方，更多的是"一将功成万骨枯"的修罗场，尸横遍野，血流成河。尤其作为底层的士兵，吃着仅够果腹的军粮，穿戴着低级的装备，却要冲在战场的最前面。

战场无情，死伤常事，种种困境，木兰都必须独自面对：面对随时可能战死沙场，面对可能身受重伤、断手断脚的惨状。除此之外，她还必须面对自己独有的困境，万一被发现是女儿身，她可能会被直接处死，又或者充当军妓，生不如死。

她必须有着过人的机警智慧、百折不屈的勇敢坚韧，才有可能跨越这重重难关，逃过"九死"，求得这"一线生机"。面对前路的异常艰险，木兰没有被吓倒，反而在抗击柔然的战争中努力适应环境，在不断的磨砺中日渐强大。

疾风知劲草，烈火出真金。木兰历经战场淘洗，慢慢成为一名坚毅刚强的军人。春去秋来，严冬酷暑，木兰一路摸爬滚打，战功越立越多，军职越来越高。虽然是不得已出征，但她努力贡献自己的价值，没有辱没"军人"这两个字。

经历了四千多个日夜的艰苦奋战，壮士们终于迎来了战争的尾声。随着大军凯歌奏起，木兰终于结束了多年的军旅生涯，正式踏上了回朝的归程。

明堂之上，可汗论功行赏。木兰战功显著，不仅有幸觐见可汗，更是得到了千百金以上的赏赐。可汗还特地询问木兰想要什么，木兰回道："我不愿做尚书郎，只希望能骑上一匹千里马，回到故乡。"

家，永远是在外游子心底最深的思念。高官厚禄、名誉地位，都比不上家中的一粥一饭、家人的一颦一笑。得到可汗的应允，木兰辞官归家，幸福地奔向日夜思念的故乡和亲人。

03
辞官归家，深藏身名

十二年的朝思暮想，总算迎来了重逢的时刻。终于要见到阔别多年的家人，木兰喜不自禁，家人也是喜出望外。牵肠挂肚的女儿回来了，苍老的父母激动地出城来迎接，虽然只能相互搀扶着慢慢前行，但仍难抑心中的激动。

姐姐欢喜非常，作为长姐，她依闺阁之礼，用隆重的号晌礼仪欢迎已长大成人的木兰回家。弟弟已经长成一个十足的男子汉了，开心地磨着刀，宰猪宰羊，准备盛情款待姐姐。在外征战的日子有多孤苦寂寞，此刻就有多温暖幸福。

熟悉的街道，亲切的乡音，还有亲人和煦的笑容。她欢快地推开东阁的门瞧瞧，来到西阁坐在自己昔日的床上，可谓恍如隔世。她迫不及待地脱下战袍，换上昔日的衣裳，放下长发，绾起当下流行的发髻。换了一身女装的木兰出现在众同袍面前，惊到了一起出生入死的兄弟："同行十二年，不知木兰是女郎。"

木兰粲然一笑，答道："人们提着兔子的耳朵悬在半空时，雄兔两只前脚时时动弹，雌兔两只眼睛时常眯着，所以容易辨认。当它们都在地上跑的时候，又怎能分辨得出谁是雄谁是雌呢？"一番话，尽显木兰的幽默机智，秘密揭晓的尴尬就这样轻松地被木兰化解了。

木兰替父从军的故事，随着她功成身退而告一段落，但她忠孝两全、巾帼不让须眉的事迹却在民间流传开来，被誉为"巾帼英雄"。她的"不为天子封赏，只为家国两昌"的忠孝仁义的精神，更为后世传颂。后来，木兰还被唐代皇帝追封为"孝烈将军"，设祠纪念。

杜牧曾题诗称赞木兰：

弯弓征战作男儿，梦里曾经与画眉。

几度思归还把酒，拂云堆上祝明妃。

木兰的事迹，充满着传奇的浪漫主义色彩。她的姓氏、籍贯，史书并无明确记载。也因此，历代都争议不断。有人认为历史上并无此人；也有人认为虽有此人，但并非姓花。

《归德府志》和侯有造的《孝烈将军祠像辨正记》提出木兰本姓魏，还有人说木兰姓朱或姓韩。有人说她是北魏孝文帝时人，也有说她是隋朝人或唐朝初期的人。虽然，这些问题现在都难下定论，但毋庸置疑的是，历经千年，她仍被后世铭记。

她的善良纯孝，教会我们善待父母，珍惜和父母相处的时光。她的独立果敢，告诉我们女子内心强大，一样可以光芒万丈。她的坚韧不屈，让我们明白即使在人生的逆境，也要勇敢地开出花来。

鲁迅说："无情未必真豪杰，怜子如何不丈夫。"柔软的情感和大丈夫般的豪气并不冲突。花木兰就书写了这样一个传奇：是女儿身，也可以展英雄本色。

陈硕真：带民起义，自封女帝

时睦州女子陈硕真举兵反。始，硕真自言仙去，与乡邻辞诀，或告其诈，已而捕得，诏释不问。于是姻家章叔胤妄言硕真自天还，化为男子，能役使鬼物，转相荧惑，用是能幻众。自称文佳皇帝，以叔胤为仆射，破睦州，攻歙，残之，分遣其党围婺州。

——《新唐书·崔义玄传》

世人皆知，我国历史上仅有一位女性皇帝——武则天。但她在退位时却下旨撤销国号，改称"则天大圣皇后"，并以皇后身份入葬乾陵。

这个敢冒天下之大不韪的千古第一女皇，甘愿退居后位，留下无字墓碑，任后人评说。但在她之前，有那么一位女子敢为天下先，自封为帝，带领农民起义，和大唐争天下。她就是历史上第一位自封为"文佳皇帝"的女性——陈硕真。

01
滴水之恩必报

在世人眼中，大唐是当时天下第一雄国。在李氏的治理下，国家繁荣昌盛，百姓安居乐业。

然而，事实却是，初唐新建后，和突厥、高句丽等国的战争仍在继续，再加上灾害的影响，底层百姓的生活，依旧辛劳悲惨。陈硕真便是这底层中的一员。

她出生在睦州（治今浙江建德），自幼父母双亡，和妹妹相依为命。两人孤苦无依，靠着乡亲们的施舍帮助，吃着百家饭才得以长大。正所谓"一饭之恩必偿，滴水之恩必报"，自那时起，陈硕真心中便有了要报答乡亲们的想法。

在之后的日子里，妹妹被好心的乡邻所收养，而陈硕真也在一户乡宦人家里做帮工。直到此时，二人的温饱才得以解决。然而，像这样的生活也没能持续太久。

后来，陈硕真家乡遭遇一场百年不遇的洪水。洪水过后，百姓房屋被冲毁，万亩良田更是颗粒无收。然而，朝廷一不肯免除赋税，减少百姓的负担；二不肯开仓放粮，救济灾民于水火。

一时间，饿殍遍野，民不聊生，百姓甚至开始卖儿鬻女以换取些许口粮。陈硕真看着大家的境况如此凄惨，又想到过去乡亲们对自己的帮助，于是决定帮助大家。她偷偷地将主家的粮仓打开，将粮食分给乡亲灾民以报答他们的恩德。

恩情未报，心系于怀；衔环结草，生死不忘。陈硕真的这一行为，让主家大为光火。于是，他们便将她关押起来，严刑拷打。可哪怕如此，陈硕真依旧咬牙忍耐，没有说过丝毫求饶的话语。她知道若能用自己的性命换取大家的安康，哪怕身死，也是值得的。

俗话说，爱出者爱返，福往者福来。陈硕真的善良与真心，换来了所有乡亲民众的回报与帮助。他们自发组织起来，冲入关押陈硕真的房中，将其救出，然后帮助她逃往三县相交的覆船山。

在困境中，一个人的作为往往体现了他的良心与人品。有的人，受人千斤恩惠，却选择了恩将仇报；有的人，受人点滴之恩，却一辈子不敢忘怀。肯为别人打伞的人，往往也不会无助地淋雨。

02

寄希望于神灵

唐朝时期，宗教作为人们的精神寄托极为兴盛，尤其是对那些长期被压迫又无能为力的农民来说，他们只能寄希望于神灵，麻木地忍受。看透这点的陈硕真，不仅看到了百姓内心的渴望，也看到了希望的途径。于是，她出家为道姑，想利用宗教来发展信众。

　　她对外散布自己在山间修炼时，巧遇太上老君，因缘际会之下自己成了太上老君的徒弟。对内她又自创"火凤社"，号称"赤天圣母"。她想以"仙法神功"让百姓安心。而这一切的筹谋，都是为了她的起义大计，实现带领百姓过上好日子的愿望。

　　百姓知道陈硕真是个善良的人，对她"修炼成仙"的说法深信不疑，都希望她成仙得道后能继续为民造福。但就在这时，有人开始向官府告密，说她成仙升天是假，图谋不轨是真。于是官府将陈硕真抓了起来，并以妖言惑众、图谋不轨的罪名准备对其进行审判。

　　但当时陈硕真已经拥有了大量信徒，在他们的周旋谋划下，很快陈硕真便得以无罪释放。经此风波，她发现官府已经开始注意到自己的举动，若不尽快起义，恐怕要失去机会。于是她开始发动起义，仅率领两千人，就攻占了睦州首府及所属诸县。

　　后来起义很快得到了当地农民和义士的呼应，队伍迅速壮大到几万人，震动了整个朝野。《资治通鉴》是这样记载这次起义的："睦州女子陈硕真以妖言惑众，与妹夫章叔胤举兵反，自称'文佳皇帝'，以叔胤为仆射。"

　　为了起义，她不仅筑建了以铁壁环绕的铁围山作为根据地，还仿照唐朝官制建立了政权。领域虽然不大，却俨若一个小型国家，各项事宜都有着明确分工。不仅如此，她对兵法战略也颇有了解，曾多次战胜官府，一时间朝野上下人心惶惶。

03

英勇就义

陈硕真拼尽全力，只想为百姓谋得安康幸福，可当时的唐朝终究是实力强盛，雄霸天下。在训练有素的正规军面前，起义军的民兵如孩童过家家一般，毫无经验可言。当时的婺州刺史崔义玄，是个身经百战的将领。他很快看到了起义军的弊端，就利用天意之说，来对付陈硕真菩萨救世聚拢人心的策略。

在两军僵持阶段，一天晚上，一颗陨石坠落到起义军大营，崔义玄立刻命属下制造舆论，说陈硕真的将星陨落。一时间，起义军人心动荡，叛变、投降的人数就达万人之多，结果导致这场轰轰烈烈的起义，还不到两月的时间，就以失败告终。最终，陈硕真英勇就义。

起义是短暂的，惨烈的。但对于陈硕真来说，算是成功的，至少她反抗压迫的愿望得以开始实现。在浪潮起伏的历史中，总有人要做第一人。这场起义虽以失败告终，但有很多人坚信陈硕真没有死。

时至今日，民间还有很多关于陈硕真的传说。坊间说，就在官兵即将要抓到她之际，天边忽然飘来一朵彩云，一只巨大的凤凰降落在山头，吓退了官兵，然后载着陈硕真腾空而去。此山，在当时被百姓称为"落凤山"。

还有传言说，陈硕真与后来当上武周皇帝的武则天有着一段很深的渊源。在感业寺时，武则天危难之际，她曾施以援手，她就是武则天的师傅慧觉尼姑。武则天能成就后来的霸业，更是深受她的影响。而这一切传说，都是因为她曾给在黑暗压迫下的百姓带来过黎明，成为人民心中的一种信念。

从帮工到"女帝"，陈硕真的人生充满着果敢与决绝。她的起义，虽然在历史浪潮中没有激起太多波澜，但却给初唐的统治者敲响了警钟，又一次告诉了他们"水可载舟，亦可覆舟"。

陈硕真从决定踏出那一步起，便不屑于伪装自己的内心，亦不想对权势选择下跪。哪怕她只是女儿身，也要比所有的男儿站得直。不焦虑明天，也不悔恨昨日；不生无谓的担心，也不会茫然无措。一路坚持和努力，把自己变成一个勇敢的骑士。

冼夫人：戎马一生，心怀大义

世为南越首领，部落十余万家。夫人幼贤明，在父母家，抚循部众，能行军用师，压服诸越。……陈永定二年，其子仆年九岁，遣帅诸首领朝于丹阳，拜阳春郡守。后广州刺史欧阳纥谋反，召仆至南海，诱与为乱。仆遣使归告夫人，夫人曰："我为忠贞，经今两代，不能惜汝负国。"遂发兵拒境，纥徒溃散。

——《北史·谯国夫人冼氏传》

有一种智慧，是历经三朝，屹立不倒。有一种伟大，是千年之后，仍受万民敬仰。如今的中国广东茂名、海南，新加坡，马来西亚等地，成百上千座庙宇供奉着同一位女性神明，那就是被尊称为"岭南圣母"的南越女主冼夫人。周恩来总理曾赞誉她为"中国历史上第一位巾帼英雄"。

01

平贼厚资陈霸先

　　《庄子·逍遥游》中曾写道："越人断发文身。"古时候，生活在岭南地区的越人，因五岭之阻、大海之隔而相对独立，与中原人的生活习俗大不相同。直到南北朝时期，史书中仍然记载着"越人俗好相攻击"——越人的风俗就是喜好相互攻杀。而南越首领冼氏，却出了一位充满智慧的女少主。

　　冼氏女骁勇果敢，能约束部下，行军布阵，镇服百越；她仁德贤明，能规劝侵犯邻郡的哥哥收敛，鼓励好斗的族人行善。冼氏女德才兼备之名声，令海南儋耳一千多洞归附；也令北燕王后裔、罗州刺史冯融大为赞赏，认定她为儿媳。

　　出嫁成为梁高凉太守冯宝的妻子，并没有让冼夫人的才干埋没，反而成为她政治生涯的开始。她辅佐夫君，管理本族，即使亲族触法，也一视同仁。从此以后，被中原人看作蛮夷之地的南越，政令有秩序，无人敢违反。

　　时局动荡不安，冼夫人却以超凡的见识与智慧，保得岭南一带太平无事。当时，南梁将领侯景叛乱，广州都督请求征兵救援。而高州刺史李迁仕占据一地，派人征调冯宝。冯宝打算前去，冼夫人却敏锐地察觉到李迁仕动机不纯，她阻止丈夫说："刺史无故不能召遣太守，肯定是想骗你去一同谋反。"

　　冯宝没有看出问题的关键，问夫人道："你怎么知道呢？"洗夫人耐心解释说："刺史（李迁仕）原本被召援助台城，却称病不去，铸造兵器，聚集部众，然后召你前去。假如你真的去了，肯定被留作人质以胁迫你的部众。在我看来这很明显，希望你暂时不要去，看看情况如何发展。"

　　几天之后，李迁仕果然谋反。冯宝一听说就立马告诉洗夫人，向她请教该怎么办。洗夫人略一沉吟，便有了主意。李迁仕的猛将已出，如今李迁仕无可作为，何不趁机前去消灭贼人呢？

　　于是洗夫人对冯宝说："如果你亲自过去，一定会有战斗。不如派我去骗他，说谦卑的话，送上厚礼，他肯定没有防备，我带千人去，必能灭他。"当洗夫人率领部众挑着杂物，扬言送礼而至，李迁仕果然大喜，毫不设防。洗夫人镇定自若，突出奇兵，李迁仕措手不及大败而逃。

　　运筹帷幄的女中诸葛是她，杀敌无数的女中豪杰也是她。洗夫人刚毅勇敢且不失智慧，是堪当大任的领导者。当战败的李迁仕仓皇逃到宁都苟且偷生时，洗夫人已带兵与长城侯陈霸先相会。

　　这之后，洗夫人对冯宝说："陈都督（陈霸先）很厉害，非常得民心。我看他一定能够剿灭贼人，你应该好好资助他！"古人云："经世之道，识人为先。"未见李迁仕，洗夫人料事如神，窥破阴谋；一见陈霸先，洗夫人慧眼如炬，英雄相惜。后来的陈霸先，用实力印证了洗夫人独到的眼光，成为陈朝开国皇帝。

02

巾帼何人能并肩

朝代更迭之际，动荡混乱之中，冼夫人的丈夫冯宝过世了。失去丈夫的孤独感毫不留情地向这位坚毅的女子袭来，可岭南大乱，部族割据自立，她来不及为自身伤感。

面对百姓因战乱而流离失所，冼夫人将凭吊丈夫的情绪暂时放下，独自挑起千钧重担。她带着才九岁的儿子冯仆，亲自安抚百越各部，用尽全力说服各部族归附陈朝。南越百姓因此能过上相对安定的日子。

真正的英雄，就是在时代需要的时候挺身而出的人。既能以果敢担下责任，又能以实力化解一次次危机。太建二年（570年），广州刺史欧阳纥将冼夫人的儿子冯仆诱骗至广州，企图裹挟他一起造反。

冯仆派人秘密告诉母亲，冼夫人心痛地说道："我家两代忠臣，不能因为爱惜你就有负于国家。"接着，冼夫人毅然发兵御敌，亲自率领百越军队杀得欧阳纥溃不成军，在战乱中救出了冯仆。

陈朝为了嘉奖冼夫人平定叛乱的功勋，给冯仆加官晋爵，后任其为石龙太守，册封冼夫人为中郎将、石龙太夫人。此后，石龙（今广东化州东北）在冼夫人和冯仆的治理下，政通人和，百废俱兴。

　　然而，陈后主至德二年（584年），三十五岁的冯仆过世。洗夫人还未从冯仆去世的打击中恢复过来，陈朝因后主荒淫，国势已江河日下，再次陷入战乱。陈朝濒临灭亡，而洗夫人的才德与魅力，早已让她成为岭南百姓心中的精神领袖。岭南一带没有依附隋朝的，各州都奉洗夫人为主，百姓称洗夫人为"圣母"。

　　当晋王杨广带来陈后主的信件，将当年洗夫人献给陈霸先的犀杖以及兵符作为凭证，告诉洗夫人陈朝已经灭亡时，洗夫人心中悲痛万分。她聚集几千百越首领，整日痛哭，为她曾倾力相助的陈霸先尽了最后一份忠义之情。

　　难能可贵的是，手握一方霸权，令隋朝敬而生畏的洗夫人，并没有带领岭南百姓抗隋，也丝毫无心称霸一方。权力富贵从没入过洗夫人的眼，国家统一、现世安稳，才是她许给百姓的诺言。

　　洗夫人为前朝痛哭之后，毅然开门迎接隋朝将领，免去了岭南百万生灵战火之苦，也促成了中国历史上第二次大一统局面。隋文帝接到报告，立刻册封洗夫人为宋康郡夫人。侍奉三朝而不被轻视，历经三朝而屹立不倒。能成大事者，最重要的品质，是不违背忠义之情，并懂得审时度势，顺势而为。

03

金箱传训物为鉴

洗夫人戎马一生，心怀国家大义，永远先天下而后己。归附隋朝不久，番禺人王仲宣谋反。

洗夫人毅然站出，先派孙子冯暄率军平反，冯暄却因与逆党关系很好而滞留不前。洗夫人知道后非常愤怒，直接将冯暄下狱，另派孙子冯盎前去征讨。王仲宣被打败，逆党被诛杀，一场叛变再一次被洗夫人化解。隋文帝杨坚惊异于洗夫人的影响力，追赠洗夫人逝去的丈夫冯宝为谯国公，册封洗夫人为谯国夫人。

洗夫人被封为谯国夫人，并非因丈夫位列三公，而是以自己的实力撑起了这份殊荣。隋文帝为了嘉奖洗夫人，还赐给她布帛五千匹，皇后也赐给洗夫人首饰和宴会礼服。洗夫人却从不曾享用这些尊贵的礼物，她将获得的赏赐存放在一个金箱子内，同梁国、陈国赐下的礼物藏在一间仓库中。每年大集会之时，洗夫人便将所有物品陈列于庭上，告诫子孙说："我事三代主，唯用一好心。"

乱世之中，洗夫人不仅以智慧判断形势，以刚毅坚持选择，更以一片赤诚，忠于国家和百姓。故而，洗夫人才以八九十的高龄，披铠甲，乘战马，率铁骑，不辞辛劳，奉诏出巡，遍访南越各族，只为国家统一。洗夫人无视富贵荣华，所有皇家的赏赐她分毫不取，只为警示后世子孙，不可忘记为国效忠。

　　历史长河大浪淘沙，冲刷了无数时代的回忆，却冲不淡英雄的精神、伟大的功绩。一千四百多年过去了，当年鼎力协助建立陈朝、促成隋朝大一统的冼夫人，已经从人变成了神，成为岭南一带影响广泛的女性神明。

　　她渡海平定了海南，为了纪念她，海南每年都举行规模盛大的军坡节，在当地胜过过年的热闹。她活跃的粤西一带，在流传多年的的游神习俗活动中一定会见到冼夫人的神明形象。生前身后，她都是传奇。不恋富贵、不辞肩担，这样的一生，不逊色于任何男儿创造的精彩。

梁红玉：抗金女将军

> 于是召梁氏入，封安国夫人，俾逆世忠，速其勤王。梁氏疾驱出城，一日夜会世忠于秀州。……战将十合，梁夫人亲执桴鼓，金兵终不得渡，尽归所掠。
>
> ——《宋史·韩世忠传》

1962年8月8日，在纪念京剧大师梅兰芳逝世一周年之际，我国发行了一套《梅兰芳舞台艺术》邮票。其中一枚名为《抗金兵》，上面一位女子高举鼓槌，英姿勃发。这就是梅兰芳饰演的宋代巾帼英雄——梁红玉。梁红玉的故事至今仍广为传颂。

01
慧眼识英豪

五更时分，远处的鸡鸣若有若无。太阳尚未出来，街上的一切都带着蒙眬的睡意。一位装扮精致的俏丽女子正急匆匆地赶路。经过一座庙时，她忽然瞥见柱脚处有一团黑影。正惊疑时，那黑影忽然发出一声雷鸣般的鼾声。

"老虎！"女子吓得花容失色，撒腿就跑。这位女子就是梁红玉，是教坊的一名女子。她原是将门之后，父亲因贻误战机获罪，自幼随侍父兄，练就一身功夫的她作为家属被发落到教坊。

梁红玉之所以五更出门，是因为这一天是元旦，百官要在朝会上给天子拜年。身为专职音乐人的梁红玉，要去朝会上进行才艺表演。不承想，路上却被一团疑似老虎的黑影吓了一跳。不过随着前来参加朝会的人越来越多，梁红玉的心也渐渐平静了下来。

但那个黑影还在她心中萦绕不去，趁着朝会尚未开始，她又偷偷跑了回去。借着微明的晨光，梁红玉终于看清：那并不是什么老虎，而是一个士兵，他魁梧精壮，气宇轩昂，只是身上有些酒气。

定下心来的梁红玉，对着那人上去就是一脚。那人猛然醒来，正待发作，就听面前有个女子问他名字，他简单答道："韩世忠。"话音刚落，梁红玉就跑了——朝会要开始了。

朝会结束后，梁红玉还是记挂着韩世忠。她认为此人以后必能做出一番大事业。其实不止梁红玉这么认为，之前也有人这么说过。

韩世忠少年时就身材高大，目光如电。他勇猛过人，没有经过训练的马驹也敢骑。当时就有一个人说他以后能成大事，会位列三公。但一贫如洗的韩世忠认为那人在讽刺他，挥起拳头把那人揍了一顿。

十八岁时他自告奋勇参了军，挽弓射箭，勇冠三军。宣和三年（1121年）韩世忠作为一名偏将跟随上司出征，平定方腊叛乱。他孤身一人翻山越岭，活捉了方腊，这便是小说《水浒传》中"鲁智深生擒方腊"的故事原型。

可惜北宋官场黑暗，韩世忠的功劳竟被上司生生抢去。愤懑难平的他借酒浇愁，醉倒在庙柱边。却不想落魄之人竟被梁红玉慧眼识珠。梁红玉邀请韩世忠到她家里，不仅好吃好喝地招待他，送他钱财衣服，还要嫁给他。于是二人结为夫妻。

如果没有梁红玉的鼓励和肯定，韩世忠恐怕就此灰心，以后也不会立下那么多战功。

02

豪气赴国难

梁红玉和韩世忠结合后不久，北宋灭亡了。南宋初建之时政局不稳，将领苗傅、刘正彦拥兵作乱，逼迫宋高宗退位给其年幼的儿子，让太后垂帘听政。当时韩世忠正在海上进行军备，得知消息后飞速前来平乱，但表面上还要听从苗、刘二人的调度。

苗、刘二人为了牵制韩世忠，便把梁红玉和她的长子韩亮扣押作为人质，严密监视。幸好宰相朱胜非急中生智，对苗、刘二人说："现在应该启奏太后，让韩世忠妻儿去安抚韩世忠，免得他狗急跳墙。"

苗傅认为可行，朱胜非赶紧让梁红玉觐见太后。太后封梁红玉为安国夫人，并且拉着她的手说："国事艰难至此，请夫人让韩将军速来救驾。"当年曾被一团黑影吓得尖叫的梁红玉，能完成这个任务吗？

苏轼说："人能碎千金之璧，不能无失声于破釜。"意思是说一个勇敢的人，可以像蔺相如那样不畏强权，拿着价值连城的和氏璧以死相争，但也很有可能被瓦锅突然破裂的声音吓一大跳。真正的勇敢是不畏艰难，是每临大事有静气。

梁红玉当然是勇敢的。她接诏后立即回家抱上儿子飞马出城，疾驰而去。谁知刚走不久就遇上了苗傅的弟弟苗翊，苗翊拦住了梁红玉，梁红玉告诉他，自己是奉命前去安抚韩世忠的。苗翊见梁红玉如此美貌，不由得色心大动，便上前纠缠不休。梁红玉强压怒火，立刻上马离开，一日一夜未曾停歇，终于赶到了韩世忠身边。她把形势一五一十地告诉了韩世忠。韩世忠据此定下平乱之策，很快便平定了苗傅等人的叛乱。

平乱之后，韩世忠被封为节度使，梁红玉被封为护国夫人。宋高宗称赞她"智略之优，无愧前史"，让国库发给梁红玉俸禄。给功臣之妻发放俸禄，这是极为罕见的，足见梁红玉智勇过人。自此以后，梁红玉常跟着韩世忠征战于沙场。

03

巾帼擂战鼓

梁红玉被封为护国夫人的同一年，金国的金兀术率军入侵南宋。宋高宗一路南逃，从杭州到宁波，再从宁波逃到海上。金兀术深入南宋长达五个月，各地纷纷反抗，这让金兀术决定在第二年撤军。那时韩世忠正镇守秀州（大致相当于今天上海嘉兴地区）。得到消息后，他决定截击金兀术。

为了迷惑金兀术，韩世忠元宵节时在秀州城张灯结彩，大庆佳节。之后，他率水军悄悄地直奔镇江准备截击金兀术。当金兀术十万大军开到镇江时，韩世忠全部兵力仅有八千人。金兀术傲慢地向韩世忠下了战书约定了开战的时间，韩世忠接受了。

三月十五日这天，双方在江面激烈开战，飞箭如雨，喊声震天。梁红玉早早站在高高的楼船之上，冒着箭雨，手拿鼓槌用鼓声指挥作战。韩世忠凭着梁红玉的鼓声，带领士兵奋勇杀敌。

在古代战争中，鼓手是敌军的首要攻击对象之一，因为战鼓在军事上用途很多：可以发出进攻命令，可以调度大批军队，可以激励士气。南宋士兵在梁红玉鼓声的指挥和激励下，与金军大战十余个回合，把金军逼入黄天荡中。

这里，黄水滔滔，芦荻茫茫，俨然是人间地狱。金兀术几次求和都被拒绝了，困于黄天荡整整四十八天。但韩世忠和梁红玉兵力实在太少，又无陆军配合，金兀术趁机挖通了一条淤塞多年的小河，乘小船仓皇逃向建康。梁红玉怒不可遏，直接给朝廷上了一道奏疏，弹劾韩世忠贻误战机，纵敌逃跑。

一时间，朝野哗然。在古代妻子辱骂丈夫是违法的，而梁红玉竟然敢弹劾丈夫。梁红玉如此为国为民，让人佩服。不过，韩世忠在敌我力量悬殊的情况下大败金兵，已实属不易。所以，韩世忠并没有受到惩罚，反而获得了嘉奖。

朝廷在嘉奖韩世忠的同时，也封梁红玉为杨国夫人。并且按照唐朝平阳公主旧例，让梁红玉单独领导一支军队。梁红玉自此正式成为将门英雄。

后来梁红玉又随韩世忠镇守楚州，当时的楚州饱经战乱，一片萧瑟。梁红玉亲自纺线织衣送给士兵，亲自织席给大家盖屋，还四处寻找野菜让大家填饱肚子。楚州士兵大受鼓舞，乐于效命。经过苦心经营，楚州恢复生机，渐渐从无人之地变为军事重镇。韩世忠驻守楚州十多年，"兵权三万，而金人不敢犯"。

04
芳名传千古

梁红玉的跃升让人赞叹不已。然而历史总有很多遗憾，梁红玉为我们留下一段传奇的同时，也为我们留下了一个谜。她到底是怎么去世的，目前尚有争议。

一种说法是她和韩世忠归隐杭州，深藏功与名。然而这更像是人们的美好想象。据历史学家邓广铭考证，梁红玉很可能是牺牲了：她在一次战斗中遭到伏击，血染征袍，力竭而亡。这样的结局让人唏嘘。

《宋史》记载，韩世忠并没有像岳飞那样被害死，不过实际上还是被解除了兵权。从此以后，他绝口不谈军事，整天骑着毛驴在西湖边游荡，口不离酒，不发一言。这不禁让人猜测，梁红玉可能真的早就离世了。不然的话，当年那个聪慧过人、豪气冲天的梁红玉，恐怕不会让韩世忠如此消沉的。

其实，正史中只有"梁夫人"，并没有"梁红玉"这个名字。或许因为她出身低微，当时的正史隐去了她的名字，但这并不能掩盖梁红玉的光芒。她不畏世俗、敢想敢干的英雄一生，千年以来仍令人赞叹不已。人这一生，纵有千般艰险，只要勇往直前，便不枉此生。

杨妙真：一手梨花枪，天下无敌手

安儿妹四娘子狡悍善骑射，刘全收溃卒奉而统之，称曰"姑姑"，众尚万余，掠食至磨旗山，全以其众附，杨氏通焉，遂嫁之。

甲辰，贼军全椒人周海请降，报全已杀，余党议溃去。未几，闻安用叹恨饮泣，初议推一人为首，以竟其逆，莫肯相下，欲还淮安奉杨氏主之。

——《宋史·李全传》

中华儿女多奇志，不爱红装爱武装。金军南侵时，在南宋苟安江南的情况下，山东一带出现了一支起义军，为首之人便是一女子。一杆梨花枪，中原无敌手，就连后来的抗倭英雄戚继光对她都非常钦佩赞赏。这位奇女子就是杨妙真，是中国历史上著名的巾帼英雄。

01

梨花一舞敌胆寒

杨妙真出生在山东，当时，宋室南迁，山东也落入金人手中。金朝末年，崛起的蒙古政权曾多次南下攻金，金兵节节失利。金朝统治者为了支撑腐败的政权，逐渐加重对百姓的剥削，于是，北方各地出现了不少起义军。

这些起义军纷纷扯起了"恢复宋室"的旗号，经常以游击战的形式，偷袭金人的部队，抢夺金人的粮草。杨妙真的哥哥杨安儿也是起义大军中的一分子。他家是全家起义，就连妹妹杨妙真也跟着哥哥走上了起义之路。

由于兄妹俩率领的起义军，都穿红纳袄作为军服，所以又叫作"红袄军"。他们的武器装备虽不如金兵，但贵在"心协力齐，奋不顾死"，经常突发袭击，屡败敌人。有一次，兄妹两个袭击金军大寨，金军左副元帅宗翰几乎被生擒。所以，金军十分痛恨红袄军，杨安儿自然也就成了金人的眼中钉。

金人发布悬赏："获杨安儿者，官职授三品，赏钱十万贯。"如此一来，杨安儿就成了牟利之人争相追杀的目标。有一次，在金军的猛烈打击下，杨安儿吃了败仗，准备乘舟从海上逃跑。不幸的是，杨安儿在登船时，被船夫和下属袭击，最后堕水而死。

杨安儿死了，红袄军群龙无首，谁来率领残部重整旗鼓，直接关系到全军的生死存亡。这个时候，杨安儿的侄子杨友站了出来，他自称"九大王"，意欲统领红袄军。但红袄军的将士们却更支持杨妙真，并尊称她为"姑姑"。

杨妙真虽是一介女流，但她以"狡悍善骑射"著称，年方二十，膂力惊人，能马上运双刀，战场上更是所向披靡。但最值得称道的是她首创的"梨花枪法"。戚继光曾在《纪效新书》中评价道："枪法之传，始于杨氏，谓之曰梨花，天下盛尚之，变幻莫测，神化无穷，后世鲜有得其奥者。"后来，戚继光训练戚家军时就是传授的杨妙真的梨花枪。

在众人的一致拥护下，杨妙真最终扛起了兄长的大旗，继续统领红袄军进行斗争。不过，红袄军毕竟不是正规军，缺乏正规的军事训练，战斗力不强，在金人的连续进攻下节节溃败。杨妙真接手仅仅三个月的时间，红袄军就死伤九万人，投降三万之多。杨妙真面对如此失败，不得不先隐藏起来，保存实力以图东山再起。

02

亦刚亦柔灭狼烟

公元1213年，金军溃败，蒙古兵至山东。面对实力更胜一筹的蒙古军，山东各路起义军根本无法抵挡。其中有一路以李全为首的起义军，在被蒙古军击败后，逃进了深山老林之中。

当时，杨妙真正带着起义军在磨旗山一带休养生息。李全听到杨妙真的威名后，便率领残部前来投奔。既然是兵合一处，那自然要选出一位领导人，二人皆擅长使枪，便以枪为试。杨妙真"飞马植枪，深入一尺"，并对李全说道："你若是能拔出我这杆枪，就算你赢。"

李全也是名震一时的用枪高手，其所用铁枪重四五十斤，江湖人称"李铁枪"。他见杨妙真如此轻视自己，不由得大怒，但他没想到的是，这次自己可栽了，因为他拼尽全力也无法拔出杨妙真的枪，最后只好屈服认输。

不过，杨妙真也给足了李全面子，她不仅以礼相待，还以身相许嫁给了李全。从此，夫妇二人共同统领起义军，与蒙古兵作战。杨妙真瞅准金军颓败之际，趁势壮大起义队伍。李全则率领精锐进入金人的统治区开疆拓土，但不幸遭遇蒙古军，被围困在青州，一时间与杨妙真断了联系。

当时，身在淮安的杨妙真可以说正在经历人生的至暗时刻。丈夫被困，生死未卜，北有强敌，南无大援，当真是进退维谷。公元1217年，宋宁宗下诏伐金，并招安各路义军，准备利用农民起义军打击金人。于是，李全接受了南宋朝廷的招安，成了宋朝的军队。

但宋朝一直重文轻武，朝廷担心起义军力量过大，不听朝廷指挥，所以便处处限制起义军。红袄军是当时最有影响的一支义军，更是南宋朝廷首先要打击的目标，所以南宋朝廷派刘琸为淮东制置使来制衡并分化红袄军。

当时在山东一带的义军除杨妙真部外，还有夏全领导的一支义军。刘琸知道夏全是一个功名利禄之心颇重的人，便想借夏全之手除掉杨妙真。夏全在刘琸的威逼利诱下，率军直奔杨妙真的根据地淮安。

杨妙真得知后，立刻派人对夏全说："将军难道没听说过唇亡齿寒、兔死狐悲的成语吗？如果我们被灭了，那您还能独存吗？"夏全觉得杨妙真言之有理，于是收起趁火打劫之心，反而决定和杨妙真合作。就这样，夏全反倒成了杨妙真手中的枪。最后，杨妙真成功赶走了刘琸，挤走了夏全，化解了危机。

03
斯人已化清风去

杨妙真虽然暂时度过危机，但她的丈夫李全却被困青州足足一年有余。在"粮草亦尽，牛马亦尽"的情况下，李全被迫投降。此举又一次将杨妙真推向极为危险的境地。

南宋朝廷见李全投降了，便断绝了江北各路起义军的粮草供应。这引起了江北各路起义军的不满，他们共议杀掉杨妙真献给南宋朝廷以求后续的粮草供应。后来，各路义军率兵攻入杨妙真的府宅，杀掉其次子以及府兵数百人。杨妙真只好趁乱逃脱，回到了李全身边，而留在淮安的余部几乎全军覆没。

面对起义军的报复，李全决定与南宋决裂。但李全因军队给养不济，最终失败。李全死后，宋军一路追剿其残部，杨妙真也曾试图抵抗，但深知大势已去，无力回天。

丈夫战死沙场，儿子也被杀，接连遭受打击的杨妙真已经厌倦了打打杀杀。她看到了太多的家破人亡，现在只想回到自己的老家，安安稳稳地过下半辈子。但是她还担心自己的下属，为了让弟兄们有一个好的归宿，她让下属们归降南宋朝廷，毕竟那里才是当时华夏正统的根。第二天，杨妙真在众将士的目送之下渡河而去，从此不知所终。

在中国历史上，凭借一身武艺纵横天下的女子实在寥寥无几。穆桂英与樊梨花，不过是小说家言而已，而梁红玉也不以武艺闻名。正是如此，杨妙真成了历史中的传奇。

两宋虽多文气，但也不乏英姿勃发的巾帼英雄。前有梁红玉，擂鼓战金军；后有杨妙真，梨花扫落叶。杨妙真一生无弱女之态，行丈夫所为。她武功卓绝，一杆梨花枪在手，二十年未遇敌手；她聪慧果决，面对一次次险境，全身而退，给后世留下一段传奇。

唐赛儿：率兵起义，沙场称杰

永乐十八年二月，浦台妖妇林三妻唐赛儿作乱。自言得石函中宝书神剑，役鬼神，剪纸作人马相战斗。徒众数千，据益都卸石栅寨。

——《明史·卫青传》

从陈胜、吴广开始，揭竿而起的义军都和当世王朝水火不容。而遍观历代的义军领袖，无一不是身长七尺的须眉男儿。可到了明代，偏偏出现了一位奇女子。

她生于寻常百姓之家，却深通奇谋用兵之术。她没有煊赫的背景与万贯家财，却能一呼百应，率众起义。这位奇女子，就是明朝白莲教起义领袖唐赛儿。

01

一战成名天下知

1420年的一天，青州卫防御使高凤突然收到一个石破天惊的消息：白莲教起义军已经攻克青州。拿下青州之后，白莲教起义军不仅没有劳民伤财，反而开仓放粮，救济当地百姓。

这一来，高凤顿时感觉这帮起义军不是普通草寇，不能等闲视之，于是便亲自披挂上阵了。

行军途中，他还问部下："匪首是何等样人？"部下告诉他，匪首是一个自称"佛母"的女性，名叫唐赛儿，神通广大，能力超群。

高凤对此不以为意，心中思忖着："我道是什么英雄好汉，原来不过是一个无名女流。就凭这，也敢对抗我大明官军？"

傲慢的高凤完全不管战术和地形，率领大军就直冲起义军的营寨。谁知道，唐赛儿早已在山谷里埋下了伏兵，一通让高凤军猝不及防的奇袭，直接让高凤和他的部下葬身于此。

高凤为自己的轻敌与傲慢付出了惨重的代价，起义军也因此大受鼓舞，顺势占领了山东地区的多个城市。

古有关云长威震华夏，今有唐赛儿扬威齐鲁。唐赛儿和其麾下日益壮大的队伍已经成为一股不可小觑的力量。对此，山东地方的大小官吏也颇为忌惮，他们纷纷上表，希望朝廷能够早日平叛。在充分了解情况后，明成祖朱棣却没有选择重兵镇压，而是派出使臣，向唐赛儿表达招安的意向，寄希望以和平手段来化解干戈。

朱棣是何许人也？明朝仅次于太祖朱元璋的雄主，于靖难之役中夺得皇位，曾五次御驾亲征漠北，让蒙古数十年无力进犯中原。然而这样一个极具能力和魄力的皇帝，为什么会选择跟唐赛儿和谈呢？她身上究竟有着怎样巨大的能量？

02
声东击西扬威名

唐赛儿本是山东蒲台县人，生于一普通家庭。按照常理，古代普通人家的女儿无法接受到良好的教育，也难以有什么过人的能力。但唐赛儿却全然不同，她幼年时便"好佛诵经"，而且跟随父亲习学武艺，练得一身过人的好本领。此外，江湖传闻还说她"能知前后成败事"，能"剪纸作人马相战斗"。

尽管这些说法夸张，但也从侧面表现了人们对唐赛儿非凡禀赋的感叹。长大后，唐赛儿嫁给了林三。本以为能够就此平稳度过一生，可接下来的变故让唐赛儿彻底走上了一条前无古人的道路。

朱棣赢得靖难之役后，本应像西汉初年那样休养生息，积蓄民力，可他总觉得南京城连年兵祸，怪象丛生，便决定迁都北京，并大兴土木修筑各类工程。这样一来，原本民不聊生的现状更加恶化，当地老百姓干脆揭竿而起对抗朱棣的苛政。

在蒲台县，唐赛儿的父亲被强制征调服徭役。不久之后，百姓们也没粮食吃了，干脆自发组织起来去抢官府的粮仓。抢粮的队伍里面，就有唐赛儿的丈夫林三。

民怨沸腾之下，官府不思解决之道，反而派出重兵镇压。在激烈的官民冲突中，林三不幸丧生。不久，唐赛儿的父母也与世长辞。短短几个月，唐赛儿不仅成了寡妇，还失去了所有亲人，无边无际的悲痛顿时萦绕在她的心中。

走出冷清的房屋，望着哀鸿遍野的齐鲁大地，她拭去脸上的泪水，在心中做出了一个坚定的选择：率领百姓起义，对抗明朝暴政。

自古及今，揭竿而起的义军领袖几乎都是男性，女性独当一面的先例少之又少。了无牵挂的唐赛儿完全没有自怨自艾，与生俱来的倔强让她走出闺阁，直面这强敌环伺的风云乱世。

在设伏击杀高凤后，朱棣派出使臣前来讲和，结果唐赛儿非但没有接受，反而干净利落地斩杀了来使，顿时令朱棣龙颜大怒。朱棣心想："高凤治不了你，难道我麾下众位猛将也治不了你？"于是便派出百战宿将柳升，让他统兵五千，前往剿匪。

这个柳升可不是一般人。他是跟随朱棣南征北战的宿将，战功卓著，能力过人。朱棣派他来镇压起义军，足以证明其对唐赛儿的重视程度。为以防万一，临行之际朱棣还亲自部署了策略，要求柳升"断其汲道，防其逸走"。因为朝廷军兵强马壮，给养充足，哪怕只是将唐赛儿的营寨团团围住，起义军的崩溃也指日可待。

看上去，这次起义军插翅难飞。可唐赛儿终究不是等闲之辈，她知道柳升不是高凤，和此人硬拼无异于以卵击石，所以必须智取。不久后，柳升看见起义军的使者破天荒地前来谈和。

面对唯唯诺诺的使者，柳升心中不禁涌起一丝窃喜："这帮乌合之众果然难成气候，我天兵一到，立马人心涣散。罢了罢了，只要他们的条件不过分都可答应，我也懒得浪费时间。"使者告诉柳升，起义军的营寨里既无饮水，也无存粮，已经考虑从东门突围。

于是柳升便占据了东门的取水通道，以守株待兔之势，静等唐赛儿上钩。某日夜里，突如其来的喊声撕破了原有的寂静，接着便是一番刀光剑影的厮杀。黎明时分，柳升从睡梦中醒来，才得知大本营已经被唐赛儿率兵袭击，都指挥刘忠力战而死。

03
出师未捷行踪匿

唐赛儿虚虚实实的用兵之道，让战无不胜的大明官军威风扫地。周围各地的百姓也闻风而起，跟随唐赛儿南征北战。一时间，山东大地已经遍布着星星火种，如果再不采取措施，恐怕势不可当的燎原之火就会出现。

眼见高凤身死，柳升兵败，朱棣只得派出另一位得力猛将。此人名叫"卫青"，和西汉时的大将军卫青同名，之前长期和倭寇作战，可谓是百战百胜。当他得知战况后，唐赛儿的部队人数已经破万，并且包围了安丘城。

安丘城总共才八百多军民，纵然殊死抵抗，迟早也会城破人亡，所以卫青便带着部下千余名骑兵驰援安丘。由于卫青的部下都是百战精锐，所以当他们从后面夹击起义军时，起义军稍做抵抗便阵脚大乱。

唐赛儿见状，知道对手是个狠角色，于是便一边收拢残部，一边稳住阵脚，避免损失扩大化。当她再度与卫青遭遇时，城内外的大明官军里应外合，把她的部队打得溃不成军。

一战下来，起义军就有两千多人被杀，四十多人被俘。卫青在这四十多个俘虏中并未发现唐赛儿的身影，于是便乘势追击。随着官军在山东的不断深入，唐赛儿的部队渐渐消磨殆尽。可即便到最后，大家也没发现这个纵横沙场的奇女子身在何处。

对朱棣而言，一万起义军并不可怕，这个屡屡让自己颜面扫地的女人才最为可怕。时间日日夜夜地流逝，唐赛儿的下落依然是个谜团，朱棣心中的那块石头似乎永远无法落地。有一天，近臣突然提醒他："陛下，唐赛儿该不会是削发为尼了吧？"

朱棣听了，立马要求召集全国上万名尼姑，让她们统一前往京城，分批次对她们进行挨个儿盘查。可一番忙活下来，依然没有发现和唐赛儿形貌相似的尼姑。

04

红颜沙场亦称杰

其实，与其纠结唐赛儿的下落，不如反思这个人物背后所折射出的历史逻辑。

对朱棣来说，唐赛儿起义让他知道百姓既有生存需求，也有忍耐底线。你可以好大喜功，纵横捭阖，但如果忽视了广大民众，那么也必然要承受这种傲慢与专横的后果。对百姓而言，即便他们知道唐赛儿的下落，也绝对不会透露给朝廷。因为他们心里清楚，唐赛儿是一个为民起义的英雄。纵然和须眉之辈相较，也全然不会逊色。

1421年，朱棣有感于山东地区的现状，不得不做出改变："诏罢不便于民及不急诸务；蠲十七年前逋赋，免去年被灾田粮。"

在万众哀号的1420年，唐赛儿选择用武力捍卫民众的利益，挑战专制帝国的权威。她非常清楚，一味地忍让无济于事，只有鲜血与刀枪，才能惊醒浑浑噩噩的大明王朝。

起义之时，唐赛儿英姿飒爽，勇谋兼备，留下一段可歌可泣的故事。失败之后，她去似流水，留给世人无限的遐想：六百年前，齐鲁大地曾经出现过一位奇女子，她用最勇敢的方式，对抗最强大的敌人，守护最弱势的群体，留下最神秘的结局……

第二章　独立逆襲

芈八子：善抓时机，有格局

王与孟说举鼎，绝膑。八月，武王死。族孟说。武王取魏女为后，无子。立异母弟，是为昭襄王。昭襄母楚人，姓芈氏，号宣太后。武王死时，昭襄王为质于燕，燕人送归，得立。

——《史记·秦本纪》

早些年很少有人了解秦宣太后，但随着热播剧《芈月传》红遍大江南北之后，作为电视剧中主角芈月的原型，秦宣太后也逐渐被人们知晓。

电视剧中，芈月是深受楚威王宠爱的庶出小女儿。虽然遭遇了各种各样的困难，但在初恋情人黄歇、霸道丈夫秦惠文王以及狂野情人义渠王的帮助下，她最后得以成为大秦太后，权倾天下，为秦国成就霸业起了重要的作用。

但是，和电视剧里的芈月不一样，历史上的秦宣太后没有玛丽苏女主光环。她身份低微，没有初恋情人的全力支持，也不受丈夫秦惠文王宠爱，甚至她和义渠王的恋情也并没有电视剧中演绎的那么美好、纯净。

那么，历史上的秦宣太后到底是个什么样的人？她又是凭借什么逆袭成功，掌握大秦实权的呢？

01

身份低微不足道，嫁入秦宫为"八子"

关于秦宣太后芈八子的出身和来历，正史中其实没有明确的记载，就连"芈八子"这个称呼，都是在她掌权之后留下的。

不过，根据史料推断，她应该出身于楚国王室旁支。而且，可能是因为家道中落，也可能是因为她不得家族宠爱，所以她不但没能像其他宗室女一样，嫁给楚国的达官贵族，反而被选为媵妾，跟着楚国的嫡公主一起嫁到了秦国。

什么是"媵妾"呢？战国时期，身份高贵的贵族女子在出嫁时，女方家里为了自身的利益，都会在家族里选一些女子作为陪嫁。而这些被选中的女子，就被称为"媵妾"。

这些媵妾虽然和出嫁女一起嫁到了男方家，但因为身份低微，所以她们不仅不能享受男方妻子的权利，还必须无条件地服从男女主人双方的支配。总的来说，所谓的"媵妾"，就是没有人权的附赠品、没有话语权的工具。

可即便如此，芈八子也没有听天由命、唯唯诺诺地做一个供人驱使的工具。她知道自己没有机会选择出身，但她能改变自己的命运。于是，她小心谋划，步步为营，凭借出色的外貌以及过人的智慧，在一众陪嫁媵妾中脱颖而出。

最终，她接连生了三个儿子，还从一个无名无分的陪嫁女，晋升为秦王宫中的"芈八子"。

02
暗度陈仓存实力，不负天意抓良机

其实，所谓的"芈八子"也并不是什么高位分。当时秦王后宫一共有八个等级，从高到低分别是王后、夫人、美人、良人、八子、七子、长使、少使。由此可见，即使她连生三子，也并没有受到秦惠文王的宠爱。因此，在很长一段时间内，芈八子在秦王后宫里过得很是艰难。

更不幸的是，在公元前311年的时候，才四十六岁的秦惠文王就因病去世了。按照当时的礼制，由秦王的嫡长子、秦惠文王王后的儿子嬴荡继承王位。

当时嬴荡才十九岁，所以为了避免嬴荡接任王位受到阻碍，秦惠文王王后就和嬴荡一起，把秦惠文王的其他儿子都送到别的国家当人质。而芈八子十四岁的大儿子嬴稷也是被遣送的人员之一，被派到了北方的燕国。

至此，芈八子在失去丈夫之后，又遭遇了仇敌上位的危机，被迫和儿子天各一方。一时之间，她把生离死别都经历了个遍。

其实，按照芈八子多年的积累和心机，想要留住儿子嬴稷并非不可能。但《周易》中说："君子藏器于身，待时而动。"真正的聪明人都懂得蛰伏，在实力配不上野心的时候，最好的选择其实是保存实力以待良机。于是，她一边含泪送别大儿子嬴稷，一边收敛自己，闭锁宫门教导剩下的两个儿子，静待良机。

直到公元前307年，嬴荡因为举鼎而死，芈八子母子终于迎来了转机。嬴荡死的时候才二十三岁，并没有留下可以继任王位的子嗣。因此，新的秦王应该就在他的兄弟中选任。但嬴荡的兄弟可不止一个，于是这些兄弟们因为王位的继承，引发了一起又一起政治斗争。

俗话说，机会永远留给有准备的人。在大家乱哄哄地争夺王位的时候，蛰伏已久的芈八子就抓住了机会。她不仅通知她同母异父的兄弟魏冉，迅速把在燕国当人质的大儿子嬴稷带回来，还让魏冉利用手中的军权，对其他竞争者进行打压和肃清，把嬴稷推上王位，而嬴稷就是后来著名的秦昭襄王。

03

诱灭义渠拓疆土，政治格局震古今

在儿子嬴稷登上王位成为秦昭襄王之后，芈八子也成了秦宣太后，成了秦国最有权势的女人。而这最高的位置还没坐稳，义渠国的国王就怀着战意出现了。

义渠是古西戎之国，在战国时期，就已经是个能与秦、魏这样的大国相抗衡的强国了。这个时候，秦国国内刚经历了换位之争，局势尚不稳定，且又遭到东边其他几个国家的联合侵犯。所以，当西边的义渠也在这个时候对秦国展开侵扰，秦国根本没有精力来应对。

于是，自知无力应战的秦宣太后在多番思考后，决定采用迂回的方式来应对义渠。她先派遣使者去义渠，为义渠王献上了许多金银珠宝。然后，她又邀请对方来秦国做客。而在宴席上，秦宣太后发现，这个义渠王在喝了酒之后，竟然对宴席上表演的侍女动手动脚。于是，受到启发的秦宣太后决定采用"美人计"来对付义渠王。

秦宣太后和义渠王之间的这场著名姐弟恋，并不是出自爱情，而是一场有预谋的政治斗争。在和义渠王相处的三十四年里，秦宣太后一边以似水的柔情来削弱义渠王的雄心壮志，甚至还和他生了两个儿子。但另一边，她却用迂回的方式来对付义渠国，对其进行拉拢和渗透，渐渐削弱其军事实力。

直到公元前272年，宣太后感觉时机已经成熟，就再次把义渠王引诱入秦，将其杀死在自己的宫殿内。紧接着，趁机发兵攻打义渠，一举把义渠纳入了大秦的版图之内。

后世很多史学家和政治家都认为，是秦宣太后诱灭义渠，解决了秦国的西部大患，才使得秦国可以一心东征、平定天下。自此之后，大秦内外皆清，而秦宣太后也大力启用贤才名将，把大秦打理得井井有条。

这时的秦宣太后已经不再局限于个人得失了。她的眼里，是大秦的万里河山；她的心里，是大秦的千古基业。所以，她并不像后世的吕雉、武则天、慈禧一样，在享受过至高权力的滋味后，就架空儿子，把控朝政死不放手。

当秦昭襄王利用范雎收回她手中的权力时，她就顺势放手，把大秦的掌管权交给了已经完全成熟的儿子，缔造出大秦又一代雄主秦昭襄王。她则在晚辈们的尊敬和孝顺中度过晚年，死后又被秦昭襄王以天子下葬的规格葬入骊山，得到了真正的善终。

纵观秦宣太后芈八子的一生，她虽然不像电视剧里的芈月一样，有一群男性在背后做支撑，靠着玛丽苏大女主光环取得成功。但是，她却从身份低微的无名者，成了执掌秦国朝纲近四十年的太后；以后宫嫔妃的身份，一手开创了"太后临朝"的制度；巧用美人计，诱灭义渠、开疆拓土、养精蓄锐，为大秦一统六国打下了坚实的基础。

她凭借自己的慧谋和格局，把命运所给的一手烂牌，数次打出了王炸的效果，最后以"史上第一太后"的身份流传千古。

钟离春：齐国大安，丑女之力

其为人极丑无双，臼头深目，长指大节，印鼻结喉，肥项少发，折腰出胸，皮肤若漆。行年四十，无所容入，衒嫁不雠，流弃莫执。于是乃拂拭短褐，自诣宣王，谓谒者曰："妾，齐之不雠女也。闻君王之圣德，愿备后宫之扫除，顿首司马门外，唯王幸许之。"……卜择吉日，立太子，进慈母，拜无盐君为后。而齐国大安者，丑女之力也。

——《列女传·齐钟离春》

01

出路在何方

钟离春，齐国无盐邑人，所以又被称为无盐女。因为长得太丑，和美艳毫不沾边，名字渐渐成了钟无艳。

钟离春到底有多丑呢？《列女传》上说她：头顶凹入，两眼深陷，长手指，大骨节，朝天鼻，大喉结，粗脖子，发量少，后驼背，前鸡胸，皮肤黑。从这些特点看，钟离春长得挺男性化。

但这样的长相，并没有让钟离春感到自卑，她还是专注于做自己的事情。

无盐是个桑蚕之乡，女孩都要采桑养蚕。钟离春从小力气就大，这点活根本不在话下。传说她让人打造了一把铁桑钩，重达百斤。每天用铁钩锻炼身体，采桑只是顺便的事。

不仅如此，她还悉心研究隐身术。有人可能会问，一个采桑女怎么能接触到隐身术呢？这，跟齐国的文化传统有关。

比钟离春早大约三百年的齐桓公，就曾在被暗杀时使用过障眼法装死。对于我们来说，所谓隐身术，就是个魔术，除了表演没什么用。但对当时的人来说，这是极高明的法术，关键时刻可以救命。只是，谁也没有想到，钟离春会对这种东西感兴趣。在大家的眼里，她只是一个没什么本事，力大无穷的丑女而已。

这样的女人，能嫁出去吗？事实是，确实很难嫁出去。

钟离春成年后，没有一个媒人上门说亲。但她并不灰心，而是主动出击，辗转齐国各地求嫁。然而，并没有一个人肯娶她。不过虽然求嫁不成，她却因为见多识广，渐渐培养出沉稳冷静、遇事不慌的性格，对国家大事也逐渐有了自己独特的见解。

一晃二十多年过去了，她早已"丑名远扬"，天下人没有不知道"无盐女"的。然而人们只津津乐道她的丑，并不拿她的政治见解当回事。钟离春也不怪他们，她明白，只有让自己的政治见解被国君或执政大臣听到，才有可能被付诸实践。于是，四十岁那年，她决定去见当时的国君齐宣王。

02

不同凡响的亮相

钟离春来到皇宫之外，对负责通报的侍卫说："我就是那个嫁不出去的女人，听说国君有圣德，所以想给他打扫卫生。"古人所谓"给某人打扫卫生"，意思是要嫁给某人。想必那位侍卫早已练就泰山崩于前而色不变的绝技，反正史书上没说他听到这话有什么反应，只是说他转身上报了国君。

当时齐宣王正在大摆宴席，和大臣们喝得不亦乐乎。和那位面无表情的侍卫不同，这帮大臣立刻捂嘴大笑："天下第一丑女想嫁给君王，天底下还有比这更奇怪的事吗？"

齐宣王自然也非常好奇，于是召见了钟离春。一见，果然是又老又丑，不过神态气度倒是沉稳大气。齐宣王毫不客气地说道："先王已经替我娶了妃子，后宫已经没有空位了。再说了，乡下的平头百姓都不肯娶你，你却要嫁给国君，难道有什么过人之处吗？"

钟离春微微一笑，回答说："没有，我就是被您的仁义恩德迷倒了。"齐宣王心说，这丑女人嘴倒是挺甜。但他还是认为，钟离春如果没有什么过人之处，她恐怕不敢有这种非分之想。于是追问说："你到底擅长什么？"

钟离春看了齐宣王一眼，半天没有说话。齐宣王见她虽然没有答话，但神态举止一丝不乱，不像是在逃避，更像是在思索。

于是，便耐住性子，等着钟离春回话。这时的大臣们，脸上渐渐没有了讥笑的表情，也在静静等着钟离春开口。

钟离春终于说："我会隐身。"齐宣王半信半疑，说："隐身一直是我的愿望，你且试一下。"话音还没落地，钟离春忽然不见了。

齐宣王大吃一惊，立即要来隐书，照着念叨隐语，可是不管用。这下，他酒也不喝了，赶紧退席，脑子里一直在琢磨是怎么回事，想了大半夜也没搞明白。倒是越琢磨，越觉得这丑女人不一般。

03
——
逆袭

第二天，钟离春再来时，齐宣王一改之前看笑话的态度，恭恭敬敬，询问起隐身术的事。钟离春却一字不答，只是瞪眼咬牙，手拍膝盖，说："危险了！危险了！"连说四遍。齐宣王很疑惑，问钟离春："你能解释一下这是什么意思吗？"

钟离春回答："齐国西边有秦国这个隐患，南边有楚国这个强敌，朝中奸臣成群，众人不服。您都四十了，还不立太子，不关注百姓，却总盯着妃子，这是第一个危险。您为了喝酒，建了这水中高台，足足有五层，金银珠宝、绫罗绸缎用了不知多少，太劳民伤财了！这是第二个危险。您身边的人嘴甜心黑，作威作福，搞得那些贤人都不敢来，这是第三个危险。您成天就知道吃喝玩乐，一点也不关心外交和政治，这是第四个危险。"

齐宣王听完，不由得长叹一声，说："无盐君的话真是痛快！可惜没有早一点听到。"于是齐宣王拆除了高台，停止了歌舞，去除了宫中富丽的装饰；着手提高久已松懈的战备水平，充实已渐渐空虚的仓库；他罢免了奸臣，命人打开皇宫的四个大门，专门让有能力的人进来给国家提各种建议。

也就是在那时，包括孟子等众多名人大家，开始为齐国献计献策。一时间，国家各种大小事情被讨论得十分充分，连一点细小的事情也没有被放过。

不久后，齐宣王选了一个良辰吉日，立了太子。又请示了他的母亲，经母亲同意后，册封钟离春为王后。被嫌弃了四十年的她，经过二十年如一日的考察民情、淬炼思想，终于一步步进入了政治中心。从此以后，她一手负责后宫，一手辅佐君王。

不过，实现了政治理想的钟离春，到底有没有获得齐宣王的爱情，这就很难说了。一直有人说，齐宣王娶钟离春不是出于爱情，而是有沽名钓誉之嫌。因为他这样做既能洗刷自己好色的污名，又显得自己尊贤敬能，还能顺便获取一位才能出众的谋士。

但齐宣王的真心可以怀疑，钟离春的能力和功劳却不容抹杀。《列女传》称赞钟离春："齐国大安者，丑女之力也。"本来日渐衰微的齐国，因为钟离春的功劳，竟然出现了前所未有的强盛局面。

　　只可惜，钟离春辅佐齐宣王没几年就去世了，死因不详。没了钟离春的齐宣王，渐渐回到了老样子。歌舞重启，而且规模越来越大，到死也没发现那个滥竽充数的南郭先生。孟子也被气走了，在国境线上徘徊三天，不见齐宣王派人接他回去，愤而离境，再也没有回去。

　　多年以后，齐国被灭国。齐国的百姓，只好在痛苦中怀念这位丑娘娘了。

卫子夫：低开高走的人生

卫皇后字子夫，生微矣。盖其家号曰卫氏，出平阳侯邑。子夫为平阳主讴者。武帝初即位，数岁无子。平阳主求诸良家子女十余人，饰置家。武帝祓霸上还，因过平阳主。主见所侍美人，上弗说。既饮，讴者进，上望见，独说卫子夫。……入宫岁余，竟不复幸。武帝择宫人不中用者，斥出归之。卫子夫得见，涕泣请出。上怜之，复幸，遂有身，尊宠日隆。召其兄卫长君、弟青为侍中。……陈皇后挟妇人媚道，其事颇觉，于是废陈皇后，而立卫子夫为皇后。

——《史记·外戚世家》

她出身低微，却一朝宠冠后宫；她以美貌著称，却因贤德流芳千古。她的亲人是绝世名将，功高爵显；她的儿子是宽厚太子，人人称赞。她母仪天下，受万民敬重，是司马迁唯一称颂的后妃。她就是汉武帝的第二任皇后——卫子夫。

01
意外的初见

卫子夫是私生女，生母是平阳侯府的奴婢，生父不明。出身低微的她，生在礼教尚未森严的汉代，又遇到雄才大略的汉武帝刘彻，这才有了传奇的一生。他们的相遇，其实是场意外。

《汉书·外戚传》记载，刘彻与陈阿娇结婚后，好几年都没有孩子。姐姐平阳公主看在眼里，急在心里，就精心挑选了一批良家女子，准备献给皇帝。

然而，姐弟二人的品位不同。刘彻没看上姐姐精心准备的美人，却看上了一旁唱歌的卫子夫。平阳公主心领神会，当即把卫子夫送给刘彻。还拉着卫子夫的手，深情地说："如果你富贵了，千万不要忘记我。"

卫子夫入宫后的日子并不好过。宫里美女如云，又有皇后陈阿娇一家独大，刘彻很快将卫子夫忘到脑后。卫子夫只是普通宫女身份，又没有家世依靠，只能在深宫中苦苦熬日子。

一年多以后，她被列入无用病弱的宫女名单中，即将被遣送出宫。幸好，命运又一次眷顾了卫子夫。按照规定，所有宫女在出宫前要拜别皇帝。也许是出于真心，也许是以退为进，卫子夫在刘彻面前哭得梨花带雨，口口声声只求出宫。这个举动打动了刘彻，刘彻改变主意，将她留在宫中。

不久，卫子夫有了身孕。这是刘彻的第一个孩子，他十分激

动，从此更加宠爱卫子夫。终于苦尽甘来的卫子夫，沉浸在幸福
之中，却不知一场危机正在逼近。

02
皇帝手中的刀

在后宫中，有人得意，就有人失意，最失落难过的，是皇后
陈阿娇。

陈阿娇是刘彻姑母馆陶长公主的女儿，与刘彻是青梅竹马的
表兄妹。结婚之初，两人的感情十分甜蜜。可惜馆陶长公主仗着
早年帮刘彻当上太子的功劳，经常向他提各种要求。这让刘彻十
分厌烦。陈阿娇又个性骄傲凶悍，多年不孕，夫妻俩的关系逐渐
冷淡。

卫子夫的得宠，彻底激怒了陈阿娇。她找到馆陶长公主帮
忙，绑架了卫子夫最有出息的弟弟卫青，打算杀死他以警告卫子
夫。幸好卫青得到朋友公孙敖的相助，才逃得性命。

双方已经撕破脸，卫子夫索性到刘彻面前，哭诉皇后迫害
自己的弟弟。刘彻闻言大怒，当场给卫青和其兄长卫长君加官晋
爵，又重金赏赐卫家。如此大张旗鼓，与其说是在宠幸卫子夫，
不如说是刘彻想打压馆陶长公主的势力。

可惜，陈阿娇看不清这背后的深意。她先是重金求子，失

败后索性放手一搏，用巫蛊之术诅咒卫子夫。所谓巫蛊，就是制作一个木偶，在木偶上写下被诅咒者的生辰八字，再用针扎它。据说，这样就能害死被诅咒者。因为用心太过歹毒，历来被视为禁忌。

陈阿娇行事不周，事情很快败露，刘彻十分震怒，当即废了她的皇后之位。不久后，卫子夫生下了刘彻的第一个儿子刘据。

刘彻心满意足，将卫子夫立为皇后，并大赦天下。从此，开创了立皇后大赦天下的传统。但刘彻也没忘记陈阿娇的教训，他授意臣子写《戒终赋》，告诫卫子夫要一直坚持美好的品德。

03
贤皇后，好外戚

卫子夫没有辜负汉武帝刘彻的期望。她成为皇后时，已经三十岁左右，生育了四个子女，容貌渐渐衰老。喜新厌旧的刘彻，开始宠爱更年轻的美人。卫子夫却不妒不怨，行事贤德。在她的管理下，后宫虽然不断有新人得宠，整体却十分平静。这赢得了刘彻的信任和尊重。

史书中记载，汉武帝每次外出，都把宫中的事情托付给皇后。等他回来后，卫子夫会向他汇报。刘彻充分信任她的处世能力，多次免除卫子夫的汇报。

更难得的是，卫家外戚十分靠谱。卫子夫的弟弟卫青功勋卓著，曾大破匈奴，被封为长平侯，赐婚平阳公主。卫青的三个儿子还在襁褓之中就都被封为列侯，一门荣耀无比。卫青的行事也一直低调谨慎。他对士大夫谦恭有礼，与士兵同甘共苦，将赏赐全都分给部下，赢得了极好的名声。

卫子夫的外甥霍去病，是军事天才。他年纪轻轻，多次大败匈奴，立下赫赫战功，被封为冠军侯，极受刘彻的爱重。

前半生，年轻貌美的卫子夫凭借自己获得的宠爱，荫庇家中子弟；后半生，卫青和霍去病凭借功劳和权势，帮容颜渐老的卫子夫稳固地位。

朝堂和后宫，从来密不可分。卫家以极其低微的出身，获得如此出色的成绩，在中国几千年历史中都算得上是个奇迹。

04
巫蛊再现

卫子夫入宫四十九年，做皇后三十八年，是历史上在位时间第二长的皇后。可惜在晚年她迎来的不是和丈夫白头偕老，而是汉武帝刘彻的厌倦和猜忌。

对刘彻而言，卫子夫已不是年轻貌美的宠妃，而是年老色衰又有强大外戚的皇后。儿子刘据也不再是期盼已久的继承人，而是有独立政见，有能力威胁皇权的太子。晚年的刘彻，行事残暴，好大喜功。而刘据，却宽厚仁慈，屡屡平反冤狱。父子间出现了政见冲突和权力矛盾，这个矛盾，又被有心人利用。

征和二年（前91年），刘彻在行宫避暑，觉得身体不舒服。近臣江充与太子有矛盾，想趁机谋害太子，就进谏说，皇帝不适，是有人在宫中行巫蛊之术。这触动了刘彻心底最深的忌讳。他派江充大搜皇宫，最后从太子刘据的宫中挖出桐木人偶。刘据大惊失色，想去甘泉宫向刘彻当面诉说冤屈，却被江充阻止。刘据走投无路，只能起兵，并向母亲卫子夫求助。

一边是大祸临头的儿子，一边是怀疑她的丈夫和陷害儿子的奸臣。卫子夫果断选择站在儿子这边。她调集卫队，帮助儿子杀了江充。这让刘彻愈发相信太子要造反，就调集重兵打败了刘据。

刘据被迫逃亡，很快死去。卫子夫以死明志，自缢身亡，死后被放在小棺材里，草草安葬。她的两个女儿，也因巫蛊案被杀，卫家满门被诛杀殆尽。一代皇后，下场竟然如此凄凉。

历史的轮回，有时让人唏嘘不已。陈阿娇曾使用巫蛊之术对付卫子夫，却不料阴谋败露，自己被废。几十年后，卫子夫的儿子刘据，被人诬告用巫蛊之术谋害皇帝，最终导致卫子夫蒙冤自杀。

刘彻为了权力，杀了刘据，灭了卫家满门。几十年后，他的幼子汉昭帝早死，继任皇帝昌邑王被霍去病的异母弟弟霍光废黜。大汉的皇位，回到了卫子夫的曾孙、刘据的孙子汉宣帝手中。

汉宣帝追谥卫子夫为"思皇后"，既颂扬她的贤惠美德，也惋惜她不能善始善终。作为史上第一个有独立谥号的皇后，卫子夫的一生就此盖棺论定，留下传奇的一生，永远为后人仰望。

郭女王：没错，我就叫女王

后少而父永奇之曰："此乃吾女中王也。"遂以女王为字。……太祖为魏公时，得入东宫。后有智数，时时有所献纳。文帝定为嗣，后有谋焉。太子即王位，后为夫人，及践阼，为贵嫔。甄后之死，由后之宠也。

——《三国志·文德郭皇后传》

要问三国人物中谁的名字最霸气，那"郭女王"肯定是"榜上有名"的。

郭女王是魏文帝曹丕的皇后，也是曹魏的第一位皇后。不过，她在成为皇后之前只是一个小小的婢女。或许，从她父亲为其取名字的那天起，就注定了她非凡的命运。

她生在风起云涌的时代，跟随过争霸天下的王，也做过辛劳的女工。她凭借自己的品德与智慧，一笔笔书写出自己霸气非凡的一生。

01

"贴心人"与"女诸葛"

年少时期的郭女王美丽聪慧，被其父南郡太守郭永视为掌上明珠。日子久了，郭永越发觉得自己的女儿有别于众人，她和亲朋好友家的女孩在一起时，更是犹如鹤立鸡群。于是，郭永有了个想法——他要给自己的女儿起一个与众不同的名字。由于女儿实在是太优秀了，所以郭永逢人便说："此乃我女中王也。"后来干脆就用"女王"作为女儿的字了。

郭女王本可以衣食无忧地做一个大家闺秀，可当时正值乱世，战乱四起，生灵涂炭，无数人家破人亡。郭女王虽生于官宦之家，但也免不了被战乱波及。没多久，她的父母就在战乱中双双死亡。她的幸福家庭就这样被毁灭了，自己也只得在战乱中漂泊，后来寄身在铜鞮侯家做一个婢女，总算得到一个栖身之地。

郭女王在侯家安分守己，再加上本身颇有才学，因此深得侯家赏识。此时的政局经过一番洗牌之后，曹操已经稳稳占据北方，成为一人之下万人之上的魏公。侯家为了讨曹家人的欢心，便将郭女王献给了曹操的儿子曹丕。从此，郭女王开始了自己非凡的一生。

要说这郭女王，着实是有些魅力的。她除了有着动人的美貌，还有非常成熟的政治头脑，最重要的是，她的温柔与顺从深深打动了曹丕。要知道，当时的曹丕已有了正室，而这正妻也是来头不小的人物——被后世称作洛神化身的甄宓。

甄宓姿貌绝伦，又为曹丕生下曹叡，郭女王要想撼动她的地位似乎是不太现实的。郭女王心中明白，若想得到曹丕的宠爱，需要另辟蹊径。

甄宓虽然贤淑良德，将家务打理得很好，但她无法在曹丕成就功业的第一战场上书写篇章。当时曹丕正与曹植争夺太子之位，妻子甄宓虽然美艳动人，却不能为自己排忧解难。此时郭女王便展现出了出色的政治智慧，先曹丕之忧而忧，经常为曹丕分析形势、出谋划策，也能帮他排解忧虑、舒缓心情。

《三国志》记载："后有智数，时时有所献纳。文帝定为嗣，后有谋焉。"可以说，曹丕最终能够成为太子，离不开谋臣的帮助、自己的努力，同样离不开郭女王的出谋划策。

久而久之，郭女王成了曹丕的"贴心人"与"女诸葛"，在其心中的地位也是水涨船高。

02
女王位居六宫之首

公元220年，魏王曹操病逝，曹丕继承曹操之位为魏王，郭女王直接被晋封为夫人。随着郭女王的地位越来越高，甄宓则被日渐冷落。没过多久，热衷权力的曹丕废掉汉献帝，自己登基为帝。登基之后，曹丕又将郭女王晋封为贵嫔，地位仅次于皇后。

由于当时曹丕并没有立后，所以郭女王实际位居六宫之首，而当初的正妻甄宓却反而屈居其下。此时郭女王距离名义上的顶点，只有一步之遥！

曹丕对郭女王恩宠备至，自然就会忽略甄宓。甄宓深感曹丕对自己的宠爱日渐消弭，心中难免会生出些怨气。百无聊赖之际，甄宓就写了一首《塘上行》，其中两句为：

众口铄黄金，使君生别离。
念君去我时，独愁常苦悲。

这首诗表达了甄宓对曹丕的埋怨，但埋怨归埋怨，作为一个妻子，她还是想要重新挽回丈夫的心，只可惜，她用错了方法。

甄宓想要效法卓文君，用"诗"劝得丈夫回心转意，于是让人将这首诗交给曹丕，期待着曹丕见诗能回心转意，重新燃起对自己的爱意。结果曹丕非但没有从中回忆起爱，反而看出了"怨"，这让他心头怒火熊熊燃烧起来，当晚便派亲信到邺城，给甄宓赐了毒酒。

自从甄宓死后，郭女王便成了曹丕唯一可以依靠的女子。所以，曹丕决定立郭女王为后。

这时有人提出了反对意见，中郎栈潜在奏疏中反对说："古代帝王们治理天下，离不开贤惠的后妃鼎力相助。可如今宫中这位宠妃，常常借着皇上的恩情而僭越，礼仪直逼天子。如果陛下因宠而立她为皇后，使身份微贱的人骤然显贵，那么我担心后世会出现上下失序，纲纪废坠的局面。"

可见在当时，郭女王也确实有些恃宠而骄的态势，不过郭女王是个聪明的女人，她知道什么时候可以骄，什么时候需要低调。当郭女王得知栈潜的反对后，不仅不哭不闹，还表现得宽宏大量。她对外宣称说："我既没有娥皇、女英的高洁，也没有太姜、太任那样的品德，确实不足以担当皇后的尊位。"正是这种谦卑的态度，让曹丕的立后决心更加坚定。

最终，曹丕不顾大臣们的反对，将郭女王立为皇后。至此，年近四十的郭女王终于坐上皇后的位置，登上了人生巅峰，没有辜负父亲的殷殷期盼。

03

女王母仪天下

郭女王成为皇后之后，虽身受殊宠，但她的内心却愈加温穆恭静，对自己的亲戚也甚为严格。由于郭皇后兄弟早逝，所以曹丕让其堂兄郭表继嗣为她父亲郭永之子，拜为奉车都尉。当时曹丕督师东征，郭女王留在曹丕故乡谯县的行宫，郭表也留守在行宫负责警卫工作。

有一天，郭表突然异想天开，想堵河水来捉鱼，这无疑是一个十分离谱、十分荒唐的想法。郭女王得知后，立刻制止说："这是运送军粮的河道，你筑坝截水又需木材，自己的奴客不在眼前，还要私自挪用公家的竹木来筑水坝。如今奉车都尉所缺少的东西，难道是鱼吗？"

接着，郭女王又苦口婆心地说道："汉朝皇后的家族，很少能有保全的，都因为骄横奢侈，我们可不能不谨慎！"

除此之外，郭女王还将六宫打理得井井有条。后宫诸贵人偶有过失，她也常为她们弥补掩过，若有追责，她就向曹丕解释始末。曹丕有时为之动怒，她甚至向曹丕跪拜，为这些贵人请免。

虽然郭女王有着母仪天下的风范，但她也有着自己的苦恼——没能为曹丕生育儿女。因此，曹丕便将甄宓之子曹叡，交由其收养。郭女王并没有在意以前与甄宓争宠的不愉快，反而对甄氏的儿子曹叡非常用心。

曹叡登基后，尊郭女王为皇太后，对郭家的人也屡加封赏。

做了八年皇太后，五十一岁的郭女王病逝。按照她的遗嘱，曹叡把她埋在曹丕坟墓的西侧，并追封为"德皇后"。

自古以来，任何一个女子，无论出身高贵还是低微，她们都有一个共同的梦想——做女王。欲戴王冠，必承其重，郭女王从一个婢女成为皇后，完成了一场华丽的逆袭。她所依靠的不仅是美貌，还有智慧与品行。

　　蝉鬓蛾眉皆国色，红颜终让女中王。她的传奇故事，无愧"女王"之名；她的生前身后，亦无愧"文德"之号！

冯太后：绝处逢生，开创盛世

父朗，秦、雍二州刺史、西城郡公。母乐浪王氏。后生于长安，有神光之异。朗坐事诛，后遂入宫。世祖左昭仪，后之姑也，雅有母德，抚养教训。年十四，高宗践极，以选为贵人，后立为皇后。高宗崩，故事：国有大丧，三日之后，御服器物一以烧焚，百官及中宫皆号泣而临之。后悲叫自投火中，左右救之，良久乃苏。

——《魏书·文成文明皇后冯氏传》

阴云密布，冷风四起，漫天飞舞的雪花见证了这肃穆的一刻。庄重的乐声响彻整座皇宫，似乎在向天下人宣告：北魏的新主人出现了。

威严庄重的李未央，正牵着小皇帝的手，迈着坚定的步伐，在文武百官的注视下缓缓前行。她拾级而上，蓦然转身，只见文武百官全都跪拜在她的脚下。这便是电视剧《锦绣未央》中的经典桥段。女主监国，大权在握。人们大多只看到她此时的风光霸气，却忽略了她曾经历过的磨难与孤独。

其实，李未央的故事，并非编剧凭空捏造出来的，她是有历史原型存在的。她的原型，便是有着"千古第一后"之称的北魏冯后。

01
从奴婢到皇后

冯氏出身于北燕王室，在当时也算得上是出身高贵。但我们都知道，魏晋南北朝是个"城头变幻大王旗"的时代，也许你今天还当着皇帝，但明天就可能沦为阶下囚。

冯家之所以能割据北燕，便是因为他们抢了慕容家的政权。慕容家名气不小。

可你冯家能抢慕容家的东西，那别人也可以抢你冯家的东西。于是，冯家的皇帝宝座还没焐热乎，就被北魏拓跋氏给灭国了。这样一来，原本贵为公主的冯氏，便没入了北魏的掖庭，成为一个小小的奴婢。

不幸中的万幸，冯氏的姑母冯昭仪也在宫中。有了这样的关系，冯氏不仅可以不干苦役，还能够参加文化学习。明明是奴婢之身，却过上了贵族生活。当然，冯氏本人也非常有进取心，在别的小女孩还在嬉笑玩耍的时候，她就已经开始勤奋学习宫中礼仪了。加之她天生聪明伶俐，很快就对宫中礼仪、政治形势等方面有了详细的了解。

小小年纪的冯氏，出落得如同含苞欲放的花朵，并具备了不同于一般女人的气质。很快，她便被太子拓跋濬看上了，太子将她接入自己宫中，对她十分体贴。后来，十三岁的拓跋濬继承了皇位，而冯氏也成了贵人，这一年她才十一岁。

冯氏是出了名的貌美心巧，她牢牢占据了皇帝的心，于是皇帝决定册封她做皇后。不过要想当北魏的皇后，可不仅仅是母仪天下那样简单，还需要掌握一项特殊技能：手铸金人。

北魏自开国皇帝拓跋珪开始，后宫中就有一条比较"奇葩"的规定：妃嫔要想被立为皇后，必须手铸金人，铸成则立，铸不成则不得立。之所以有此要求，是因为"手铸金人"在鲜卑族中被视为吉祥的象征。

对于一个十多岁的女孩来说，"铸金人"简直难如登天，但对于冯氏来说，这都不叫事儿，因为她早就开始研究这一技能了。就这样，冯氏铸成了金人，摇身一变成了北魏的女主人。这一年，她才十四岁。

02

从弱女子到女强人

陪王伴驾的生活是美好的，底子雄厚的冯后很快便适应了皇后的角色。她尽力为文成帝拓跋濬排解各种烦闷与不快，特别在生活上给他以温存体贴。每次文成帝出征、巡幸归来，冯后都以她的百般柔情驱走了皇帝的一路风尘。

如果美好就这样持续下去，那历史上将会多一个温良贤淑的皇后，然而美好总是短暂的。文成帝英年早逝，只留下冯后一人在这偌大皇宫中。丧夫之哀，让冯后痛不欲生，她既为丈夫早逝而悲伤，更为自己的命运多舛而哀痛。

按照北魏的"烧三"制度，三日后需要焚烧文成帝生前的御衣器物。当火光燃起时，那些美好的回忆也在一点点消亡。突然，悲痛不已的冯后扑向那熊熊燃烧的大火，想要留住那仅存不多的回忆。

周围的人都被她的举动惊呆了，于是众人赶紧从烈火中救出冯后。由于抢救及时，冯后并未受重伤，她只是一言不发，双目无神地凝视着那逐渐消失的火光。正是在此次"浴火"之后，冯后实现了自己的重生。生活实难，心中总要有一份坚强。有些路，需要一个人走；有些事，也需要一个人扛。

冯后殉情的一幕令所有人感动，也赢得满朝文武的赞许，这为她日后掌权打下了基础。十一岁的太子拓跋弘即位，是为献文帝，尊冯后为文明皇太后，此时的冯后也不过二十五岁。

一个政权最容易发生动荡的时期，便是在权力交接之时。主少国疑，权臣跋扈，这似乎是亘古不变的规律。当时以乙浑为首的一些朝臣，认为冯后孤儿寡母好欺负，便开始拉帮结派，疯狂铲除异己，企图取而代之。

面对专权自恣的乙浑，年纪尚幼的献文帝没有任何办法，只好日日在冯后那里痛哭。小皇帝的每一次痛哭，都让冯后在心里多下一份决心，她决心守护好丈夫的江山，不允许任何人有非分之想。

欲让其灭亡，先使其膨胀。冯后没有对骄纵的乙浑加以阻拦，而是不断提拔赏赐他，让他在得意忘形中一步步走向深渊。果然，乙浑的欲望愈来愈大，甚至还准备发动宫廷政变。而冯后对此早已有所准备，她一边对外示弱，一边暗中联络亲信，以迅雷不及掩耳之势，一举将乙浑及其党羽诛杀殆尽。

03
从一代女主到文明太后

文成帝死后，第一个走进冯后生活的男人叫李弈。李弈是官宦子弟，为人风流倜傥，又多才多艺，因此深得冯后宠爱，经常入侍宫中。

这一切让献文帝看不下去了。虽然冯后不是他的生母，但他出于对皇家尊严的考虑，还是找了一个理由把李弈给处死了。这下冯后不高兴了，据《北史·后妃传》载："献文帝诛李弈，太后不得意。"

　　冯后很不爽，后果很严重。就连献文帝也没有想到，冯后居然把他给废了！献文帝无奈之下，只能被迫退位，并宣布传位给年仅五岁的拓跋宏，即后来历史上著名的孝文帝。成为太皇太后的冯后再度临朝听政，成为北魏王朝真正的灵魂人物。《魏书》说她："多智略，猜忍，能行大事，生杀赏罚，决之俄顷……是以威福兼作，震动内外。"

　　在冯后的努力下，北魏的国力达到了顶峰。当然，冯后在治理国家时，并没有把孝文帝排斥在外。相反，她倒是尽可能让孝文帝参与朝廷事务，培养他的政治才干。在冯后眼里，这个性格倔强的小孙子，才是真正的帝国未来。

　　看着孝文帝一天天长大，冯后亲自作了《劝诫歌》三百余章，作为孝文帝日常的行为准则。同时，她还特别注意言传身教，现身说法地对孝文帝进行教育和示范。

　　冯后在政治上无疑是个铁腕人物，但她在日常琐事上却表现得仁慈和善。有一次，冯后正准备用膳，却发现粥中竟有一只小飞虫。在一旁侍奉太皇太后的孝文帝见此情状，很是恼火，于是便狠狠地将那厨子大骂了一通，并准备处以严刑。

　　冯后见状，也不多说，只见她用汤匙轻轻一挑，便将小飞虫挑了出来，然后笑着向厨子摆摆手，示意他退下。冯后的宽容，让孝文帝感触很深，即便在很多年后，他也始终没有忘记祖母的仁慈。正是由于冯后的悉心培养，孝文帝才真正成熟起来，最终成长为一代明君。

　　冯后前后掌权二十余年，在她的治理下，百姓丰衣足食，朝廷吏治清明，最重要的是，她的汉化思想使得北魏逐步开化，走向文明，同时也为后来的孝文帝改革打下了坚实基础。

　　中国几千年的封建王朝，一直都是男权社会，在一般情况下，是绝不允许后妃干政参政的。皇帝是一国之主，也是后妃命运的主宰者，然而历史上还是有很多女性，倔强地奏响了专制变奏曲，冯后便是其中之一。

　　她虽经历人生低谷，生离死别，却始终不曾放弃与命运的抗争；她虽大权独揽，却开创了文明开化的一代盛世。作为一位女子，她承受了不应承受的一切；作为一位"女王"，她做好了自己该做的一切。

　　"古今争传女状头，谁说红颜不封侯？"冯后，用她自己的生命，书写了一段巾帼不让须眉的传奇故事。

秦良玉：撕掉女性标签

明年正月二日，贼乘官军宴，夜袭。良玉夫妇首击败之，追入贼境，连破金筑等七寨。已，偕酉阳诸军直取桑木关，大败贼众，为南川路战功第一。贼平，良玉不言功。其后，千乘为部民所讼，瘐死云阳狱，良玉代领其职。良玉为人饶胆智，善骑射，兼通词翰，仪度娴雅。而驭下严峻，每行军发令，戎伍肃然。所部号白杆兵，为远近所惮。

——《明史·秦良玉传》

01
一身男儿装

千百年来，无数女性就乖乖把自己限定在标配的模式里。从咿呀学语，到待字闺中，到相夫教子，甚至独守空房，她们都活成了社会期望看到的样子。纵横驰骋、笑傲沙场这些事仿佛与她们天然绝缘。

但明朝有一个女子，她偏偏不去迎合所谓的主流标准，全然按照自己的心思去生活。到最后，她竟然活成了中国历史上一个绝无仅有的传奇。她，就是秦良玉。和花木兰、穆桂英、梁红玉等人不同，秦良玉是第一位，也是唯一一位被官方以将领身份写入正史的女性。

在她之前，很多朝代的杰出女性也被官方大书特书，但没有谁以将领身份和男性同列的。由此可见，秦良玉的能力得到了当时的国家机构的认可。

想必跟影视剧里的巾帼英雄一样，她美貌惊人，却又身手非凡吧？然而并不是这样。

朝鲜使臣黄中允曾和秦良玉有过一面之缘，对于她的外形，黄中允是这样描述的："体甚肥大，网巾、靴子、袍带一依男子。"什么意思呢？就是说秦良玉体形魁梧，完全不似娇弱无力的普通女子，而且从穿着打扮来看，跟男性没什么区别。

秦良玉出生时，父亲就觉得这个女儿不一般，将来必然超越她的哥哥弟弟。

二十多岁她跟随丈夫马千乘征战沙场，打得播州反贼杨应龙闻风丧胆。年近古稀，她依然活跃在四川各地，让所向披靡的张献忠尤为恼火。

五十年中，她没有体验多少花前月下的甜蜜，沙场上反倒多了一个不让须眉的身影。

02
解围成都

晚年时期的李清照，历经世事沧桑，别有深刻领悟。面对朋友家的小女儿，她淡然一笑，真诚地说："你也不小了，该学点东西，我身已老，愿将平生所学相授。"对此，小孩回复说："才藻非女子事也。"听了这话，一股莫大的悲凉和寂寞席卷而来，让李清照差点摔倒。

在古代中国，女性的身上背负着无尽的束缚，优秀如李清照者，似乎也很难抗衡这强大的传统观念。但秦良玉偏生不信邪，她不仅有才，而且还要尽情发挥自己的才能。

公元1622年，奢崇明发动叛乱并包围成都，四十八岁的秦良玉奉命前去征讨。当时各地的土司都收取了贼寇的贿赂，纷纷按兵不动，只有秦良玉孤军奋战。可就靠这一路孤军，不仅解了成都之围，还连续攻克二郎关、佛图关，甚至收复重庆。对此，皇帝朱由校大为赞赏，立即对秦良玉加官晋爵。

不久后，秦良玉就完全平定了奢崇明一伙的叛乱，这等战功，就算和一帮男性将领比也毫不逊色。正因为如此，很多人对秦良玉又嫉妒又惧怕，比如总兵李维新，平日里吹嘘自己多么强硬，结果一遇贼军就原形毕露，渡河一战中还大败而归。

回到军营后，他首先做的不是整顿军马，安抚人心，而是紧闭大门，把秦良玉阻隔在城外。可秦良玉是他能欺负的人吗？在给朝廷的奏书中，秦良玉狠狠批评了这帮平日里作威作福，战场上毫无能力的庸人，甚至直接说李维新："一个堂堂大男人，居然和我一个女人斤斤计较。如果晚上他想起自己这副德行，真的应该羞死！"

皇帝看了之后，立即告诉所有人："必须对秦良玉以礼相待，不得妒忌猜忌，否则定不宽恕。"在那个男女不平等的年代，一个年近五旬的女子，不爱红装爱武装，带着部队高歌猛进，打得贼寇仓皇败逃，令众多男性武将失色汗颜，这是怎样超凡的气魄和能力呢？

03
年过古稀的女将

当张献忠的军队势如破竹，打得官军闻风丧胆时，秦良玉这个女人却始终奔波在战场一线，毫不退缩。

面对张献忠的嗜杀，很多男性将领都会感到背脊发凉。而秦良玉恰恰相反，只要是面对张献忠的战役，她都无比踊跃，偏要挫张大魔王的声威。尽管秦良玉和其部下很有战斗力，但无奈明王朝已经奏响最后的挽歌。无论对待关外的建州女真，还是四川地区的张献忠，明朝官军的表现都是每况愈下。

1643年，张献忠攻陷武昌，随后率兵再次进犯四川。眼见形势危急，秦良玉立即建议四川巡抚陈士奇："派兵守十三个关隘，可以有效遏制贼兵的攻势。"可惜，陈士奇完全不采纳她的计策。无奈之下，秦良玉又找到巡按刘之勃，对其晓以利害。听完之后，刘之勃对秦良玉的意见非常赞同，但遗憾的是，他手下没有足够的兵马。

次年，张献忠领大军长驱直入，再次进犯重庆地区。秦良玉率军前往救援，但因为寡不敌众而溃败。当张献忠攻下成都后，秦良玉把部下召集在一起，对他们说："我兄弟二人都已经战死沙场，我一个妇人，身受国恩二十年，哪怕到现在这种地步，我也跟贼兵势不两立！"

听完将军的话，部下士兵纷纷表示愿意誓死相随，绝不屈服。于是，秦良玉就把有限的人马派遣出去，牢牢守卫石砫。张献忠率部到处肆虐，畅通无阻，却从来不敢靠近石砫一步，为什么？

张献忠虽然取得了绝对优势，但他知道秦良玉是个宁折不弯的硬骨头，而且现在秦良玉的部队一定抱着破釜沉舟的决心。纵然全力出击打败了她，也是伤敌一千自损八百的亏本生意，倒不如避其锋芒为好。

1644年，吴三桂"冲冠一怒为红颜"，把满洲八旗放入了山海关。不久之后，崇祯皇帝也自缢于煤山，留下了"天子守国门，君王死社稷"的悲惨结局。与此同时，在四川的崇山峻岭里，一个年逾古稀的女将带着残兵败将，在蜿蜒曲折的道路上辗转奔波，守护着明帝国最后的坚贞。

凭借能力和威望，秦良玉哪怕直接投诚，各个阵营都会对她尊敬有加，并且给予不尽的荣华富贵。可是，这个戎马半生的女人只会效忠于一个国家，哪怕走投无路，哪怕玉石俱焚。哪有什么自我定义，守护良知，守护诉求，便是最好的自我定义。

04
定义自我

1648年，七十四岁的秦良玉去世。这个用一生打破标配，摧毁限制，定义自我的女人，让自己活成了一种全新的标杆。

洪承畴和吴三桂投降了清朝，却依然被列入《贰臣传》，他们并没有想到，自己享受了余生的富贵荣耀，却背负着后世的累累骂名。反倒是大半生辗转奔波的秦良玉，赢得了无限的赞美。

其实，对于秦良玉来说，获得怎样的评价都不重要。重要的是，她没有屈服传统，没有畏惧威权，在封建礼教和男权统治盛行的明朝，依然活得襟怀坦荡，潇洒大气。

所有的标准、传统、阻碍，其实都是根植在我们内心的顽固意念。如果我们认为敌人强大，那么敌人真的就越强大，那么我们便感到无所适从。反之，如果我们充满信心，不去被所谓的既定传统所影响，跟随心之所向，发掘自己的天赋才华，活出无限精彩，那么再强大的敌人都是虚妄的幻象，不堪一击。

巾帼英雄象征的是什么？不只是和男性相似的武力和智慧，更是那种听从自我、定义自我的精神觉醒。秦良玉用一生告诉了我们：在觉醒开悟的世界，我们就是无往不利的王者。

第三章

身处皇家

武则天：功过是非由人说

后既专宠与政，乃数上书言天下利害，务收人心，而高宗春秋高，苦疾，后益用事，遂不能制。高宗悔，阴欲废之，而谋泄不果。上元元年，高宗号天皇，皇后亦号天后，天下之人谓之"二圣"。弘道元年十二月，高宗崩，遗诏皇太子即皇帝位，军国大务不决者，兼取天后进止。……丁卯，册皇帝。

——《新唐书·则天顺圣武皇后本纪》

有人说，她好大喜功、荒淫无度、凶残无比，人人应该"起而诛之"；有人说，她虚怀若谷、有勇有谋、雄才大略，是难得的治国之才。

她是武则天，中国历史上唯一的女皇帝，一位叱咤政坛半个多世纪的奇女子。关于她的奇闻逸事，沸沸扬扬，不胜枚举；关于她的功过是非，众说纷纭，莫衷一是。

但武则天却用一座无字碑，向世人昭示了她的态度。在她死后，她给自己留下了一座高大的无字碑，上面没有任何歌功颂德的文字，只有一片空白。

一抔黄土，掩尽风流。揭开历史的帷幕，一个有血有肉的武则天又是怎样一副面孔？

01
面对说三道四，选择厚积薄发

有人的地方，就有江湖；有江湖的地方，就有人说三道四。有的人选择针锋相对，而有的人，却选择一笑了之。武则天，就经历过一番转变。

《资治通鉴》记载，武则天十四岁被选入宫，赐号"武媚"。年少的她，锋芒毕露，引人注目。唐太宗有匹烈马叫狮子骢，没有人能驯服它。武媚却站出来说："只要给我三件东西：一是铁鞭，二是铁锤，三是匕首。它要是调皮，就用鞭子抽它；还不服，就用铁锤敲它；再捣蛋，就用匕首砍断它的脖子。"一语既出，震惊四座，也引来非议无数。

木秀于林，风必摧之。有人说，此女野心不小，有人说，此女妖媚惑主。更有谣言说，李氏天下，将被武姓取而代之。矛头很快对准她，唐太宗也对她日益疏远。她想辩解、想争执，但越解释，越抹黑；越争辩，越受伤。这时，她才猛然醒悟：夏虫不可语冰，井蛙不可语海。

从此，武媚立志像唐太宗最宠爱的妃子杨惠看齐："以色侍君者短，以才侍君者久。"她不但更加发奋地学习，还广泛涉猎各种书籍，并对书法造字等颇有兴趣和造诣。没想到，后来，她果真凭借惊人的才华，实现了人生逆袭。

唐太宗驾崩后，武媚被发配到感业寺出家。眼看就要常伴青灯古佛，她想起了一线生机，那就是向唐太宗的儿子、唐高宗李治求助。早在宫中时，武媚就与李治暗生情愫。趁着唐太宗一年忌日之机，她给李治寄去了一首相思诗《如意娘》：

看朱成碧思纷纷，憔悴支离为忆君。

不信比来长下泪，开箱验取石榴裙。

正是这封书法飘逸、情真意切的信打动了李治，他立马赶去与武媚相会，并想方设法把她接入宫中，从此开启了武媚新的人生篇章。

有句话说："等哪天你走得很远很远的时候，你再回头，已经看不见她们的嘴脸，也听不到她们的声音了。因为，你已经把她们甩得很远很远了。"现实生活里，我们常常因为种种原因，遇到各种莫名其妙的诋毁。与其妄自菲薄，或者费力解释，不如厚积薄发，不断积攒自己的才气，丰厚自己的底蕴，让自己越来越强大。只有把自己修炼得足够强大，才不会被别人中伤和践踏，才能改写自己的命运！

02

巾帼英才扭乾坤，一代女皇绝古今

有句话说："常与同好争高下，不共傻瓜论短长。"对于已经成功、成名的人来说，如果跟不如自己的傻瓜争辩，无异于自降身价、自取其辱。但倘若，攻击你的人同样成功而又有才呢？武则天就遭遇了这样的困境。

徐敬业造反，骆宾王帮他起草《讨武曌檄文》。骆宾王何许人也？就是那个七岁就能写出"白毛浮绿水，红掌拨清波"的神童。他肆无忌惮痛批武则天："近狎邪僻，残害忠良；杀姊屠兄，弑君鸩母。人神之所共嫉，天地之所不容。"

字字犀利，句句扎心。本以为，武则天会拍案而起，恨不得把骆宾王千刀万剐。没想到，武则天却对着大臣狄仁杰发起了牢骚："哎呀，这就是你的不对了！这么有才华的人，你为什么没有重用他？"

海纳百川，有容乃大。真正智慧的人，心中有日月，眼中有星河。不但能够容纳别人的批评辱骂，还能欣赏和发掘别人身上的优点，哪怕对方是仇人的儿女。

因为政治原因，武则天杀了上官婉儿的家人。但她欣赏婉儿的才气，把她带在身边抚养。

有一次，婉儿写了一首五言诗，其中两句是"借问桃将李，相乱欲何如"，明眼人一看就知道是在嘲讽武则天。面对武则天的质问，婉儿直言不讳："天后陛下，我听说诗是没有一定的解释的，要看解释人的心境如何。陛下说我在含沙射影，奴婢也不敢狡辩。"

周围的人听了，无不暗暗心惊，以为婉儿必遭大祸。可武则天非但没有气恼，反而兴奋地说："你回答得好！我就喜欢你这样的性格！"后来，婉儿成了著名的女官，武则天还把她许配给自己的儿子。

在武则天执政期间，无论什么人，无论什么身份，无论他们对她是拥护还是反对，她都知人善用、唯贤是举，娄师德、狄仁杰等贤臣均在其列。

《资治通鉴》这样评价她："政由己出，明察善断，故当时英贤亦竟为之用。"

03

面对质疑误解，选择励精图治

任何一个人，都可能被误解；任何一个决定，都可能被质疑。面对误解和质疑，是坚持还是动摇？武则天有自己的答案。

武则天称制后，于光宅元年（684年）迁都洛阳，这个决定一出，质疑接踵而来。有人认为，武则天纯粹是为了自己当皇帝，故意与李家王朝分庭抗礼。实际上，陈寅恪先生研究后得出结论："夫帝王之由长安迁居洛阳，除别有政治及娱乐等原因，如隋炀帝、武则天等兹不论外，其中尚有一主因……即经济供给之原因是也。"

也就是说，武则天之所以迁都洛阳，有其必然性和合理性，并非全部出于私心，而是综合了当时的政治、经济形势以及洛阳的地理形势等来考虑的。

但时间不等人，武则天没有精力来向世人解释，而是努力做着更重要的工作。她重视农业，提出"建国之本，必在务农"，"务农则田垦，田垦则粟多，粟多则人富"。她注重民生，提出薄赋敛、息干戈、省力役，规定官员"为政苛滥"导致"户口流移"的贬官或革职。她注重军事，在庭州设置北庭都护府，巩固西北边防，打通了一度中断的通向中亚地区的"丝绸之路"，确立了唐帝国对天山南北的统治。

在她执政期间，全国户数从三百八十万户，渐增为六百一十五万户，几乎增长一倍，人民可谓安居乐业。

郭沫若对武则天的评价是："政启开元，治宏贞观。"

这个世界，只要你做事，就会有质疑。做得再好，都有人指责，说得再真，都有人不满。最好的方式，就是用行动给予回击。

静水流深，人稳不言。与其去说服一个不认同你的人，不如集中精力、快马加鞭，去做更重要的事业，遇见更有格局的人。

山不解释自己的高度，并不影响它耸立云端；海不解释自己的深度，并不影响它容纳百川；地不解释自己的厚度，但没有谁能取代它承载万物的地位……丰碑无语，行胜于言；心若不动，风又奈何？

原本弱小的武媚，终于活成了一代女皇，成为自己的太阳，再也无须借助谁的光。天地者，万物之逆旅；光阴者，百代之过客。

功耶？过耶？都是经历，何必介怀！

是耶？非耶？皆成往事，何须执着！

公道自在人心，功过自有人评。何不活出最闪耀的自己，让时间去证明一切！

上官婉儿：历史上唯一的女宰相

> 婉儿始生，与母配掖廷。天性韶警，善文章。年十四，武后召见，有所制作，若素构。自通天以来，内掌诏命，挍丽可观。尝忤旨当诛，后惜其才，止黥而不杀也。然群臣奏议及天下事皆与之。
>
> ——《新唐书·韦皇后传附》

唐仪凤二年（677年），看似平淡如水的一年，却是一个少女命运转折之年。这一年，少女年方十四，身在掖庭为奴的她出落得亭亭玉立，再加之"聪达敏识，才华无比"，偶然间引起了武则天的注意。

武则天召她进宫，当场命题令她作文。只见她不假思索、挥笔而就，文字娟秀，语言优美，让武则天连连称叹："此女绝非凡骨！"于是，武则天当即下令免其奴婢身份，并封她为才人。这个女孩，便是有"巾帼宰相"之称的上官婉儿。

01

半生命运不在己

上官婉儿本出身名门望族。她的祖父上官仪是唐高宗时的宰相，父亲上官庭芝是周王府的属官。然而，谁也未曾想到，权势煊赫的上官氏一族，竟在一夜之间遭受灭顶之灾。

锒铛入狱，满门获罪受罚，而这人间惨剧的制造者，正是风头无两的武则天。当时由于唐高宗体弱多病，朝政大权渐渐转移到了武则天手中。身为皇帝的唐高宗，反而处处被自己的皇后掣肘，这让他很不满。于是，他决定召集朝臣，研究废后事宜。

时任宰相的上官仪早已看不惯武则天专权的样子，于是他自告奋勇，承担起了起草废后诏书的重任。当武则天得到消息后，立刻赶来向唐高宗申诉辩解。

无奈之下，唐高宗只能把上官仪推出来背锅，他对武则天解释道："这……这都是上官仪教我的啊。"

就这样，上官仪成了这场帝后博弈的最大"背锅侠"。待到上位后，武则天对上官氏进行了疯狂的报复，男丁不是被杀就是被流放，女眷则充入皇宫沦为官奴。此时的上官婉儿还只是个襁褓中的婴儿，但仍与母亲郑氏一同被发配到掖庭做奴隶。直到受到武则天的赏识后，上官婉儿才得以摆脱奴隶的身份。

那一年是仪凤二年，年方十四岁的上官婉儿得到武则天的召见。在大殿上，她听了武则天安排的考题后，只沉吟片刻，便写了一篇辞藻华美的文章。惜才爱才的武则天读后大为赞赏，便将上官婉儿留在自己身边，负责掌管宫中诏命。

上天真是给上官婉儿开了一个大玩笑，曾经的灭门仇人，却成了自己的伯乐，她的半生命运就这样被别人无情地操控在手中。不过，上官婉儿并没有怨恨或是复仇，而是选择每天勤于政务，以此获取武则天的信任。武则天称帝后，更加宠爱上官婉儿。

上官婉儿虽然一向谨小慎微，但她长年在武则天身边做事，又颇受宠爱，难免会过于志得意满，忘记了自己的本分。武则天要上官婉儿恪守职责，不要想着男女感情之事，以免耽误正常工作。可上官婉儿仗着自己深受宠爱，便在言语之间拂逆武则天的旨意，因而获罪。只是，武则天如何离得开自己的这个左膀右臂？最后武则天赦免了上官婉儿的死罪，改为黥刑。从此，上官婉儿的额头上多了一道伤痕。这道伤痕深深地刺痛了她的心，也使她明白了一个道理：在权力面前，她只能隐藏锋芒，本份做事。是啊，即便再受宠爱，她与武则天之间也始终是主仆关系，哪里就能有多么深厚的感情呢？

正如大仲马所言："在政治上，没有人，只有主义；没有感情，只有利害。"自此，上官婉儿明白，政治里永远没有感情，自己不过是别人的一个工具而已。她也第一次切身感受到了权力的强大和可怕。

好端端的额上突然多了一道疤，换作其他女人肯定是悲伤欲

绝，但上官婉儿却别出心裁地在伤疤处刺了一朵红色的梅花。这
使得她更加妩媚动人，甚至还引领了大唐美容潮流新风尚。

唐代学者段成式在《酉阳杂俎》一书中记载："今妇人面饰
用花子，起自上官昭容，所制以掩黥迹。"自此，上官婉儿也被
称作"红梅宰相"。

02
我命由我不由人

常言道："高处不胜寒。"身居高位的上官婉儿经历过灭门
之祸，处于政治中心的她，自然也就明白：光有权力是不够的，
还应该懂得趋利避害，这样才能在残酷的政治斗争中活下来。于
是，她将自己的希望寄托在了太子李显身上。

李显被立为太子后，上官婉儿刻意与李显亲近，使李显对她
十分着迷。虽然李显后来重新登上了帝位，但在一开始时，他却
是个被外放的"窝囊废"。继位才五十五天的唐中宗李显，被武
则天废为庐陵王，贬出长安。

这对于寄希望于李显的上官婉儿来说，是天塌的大事。然
而，上官婉儿并没有慌乱，因为除了李显这座靠山，她还有另外
的依仗，这个人便是武三思。

作为武则天的亲侄子，武三思身居相位，权倾朝野，是武则

天最为信任之人。果不其然，在武三思的庇护下，上官婉儿依旧混得风生水起。

此时的上官婉儿心中早已没有了爱情，只有权力，只有活下去。对上官婉儿来说，不管是皇太子还是武三思，这些人都不过是她的政治筹码。此二人中必有一人最终能掌握朝局，自己的"投资"定会稳赚不赔。

后来，武则天年老体衰，对权力逐渐失去了掌控力，李显与一干大臣发动"神龙政变"，权力再度回到了李唐皇室手中。重新登基的李显念及与上官婉儿的旧情，令上官婉儿专掌起草诏令之责，并拜其为昭容，封其母郑氏为沛国夫人。

江山轮转，权力更迭，上官婉儿始终处在权力的中心。她深得唐中宗李显的信任，"灭门一案"也得以平冤昭雪，此时的她已经是走上了人生的巅峰。上官婉儿在权力达到顶峰之时，又开始显露其文学上的造诣。

她劝说李显广招词学之臣，赐宴游乐，赋诗唱和。而且她还代替皇帝作诗，常常数首并作，诗句优美，时人大多传诵唱和，"上官体"一时成风。《初唐诗学著述考》中记载："尤以中宗复位以后，迭次赐宴赋诗，皆以婉儿为词宗，品第群臣所赋，于是朝廷益靡然成风。"

此时的上官婉儿可谓是名利双收。

03

终究是命运使然

李显的宠爱和韦氏的信任，让上官婉儿成了人上人。权力达到顶峰后的她，也开始为自己的生活谋求幸福。上官婉儿相中了当时的吏部侍郎崔湜，经常以在外游赏的名义和崔湜约会。

自小就失去完整家庭的上官婉儿，不可避免地渴望追求个人幸福。不过，身在温柔乡的上官婉儿并没有忽视对朝堂的观察。不久，她就感觉到了朝堂之上涌动的暗流，权力正在从李显的手里慢慢流失。李显与韦氏被幽禁期间，共同经历了各种艰难困苦的生活，因而两个人的感情十分深厚。李显曾私下对韦氏发誓："异时幸复见天日，当唯卿所欲，不相禁制。"

李显复位后，马上立韦氏为皇后，并让韦皇后参与朝政，又不顾大臣的劝阻，将韦皇后生的女儿安乐公主嫁给武三思之子武崇训。韦皇后与亲家武三思结成了一股强大的政治势力，大有成为"第二个武则天"的势头。

上官婉儿意识到此状况后，便向韦皇后抛出橄榄枝，劝她"行则天故事"。韦皇后与安乐公主一起将李显毒死，并让上官婉儿草拟遗诏，立温王李重茂为皇太子。当时还是临淄王的李隆基顿感不妙，他担心李唐再出现一个武则天，于是便联合自己的姑姑太平公主率先起兵，一举铲除了韦皇后及其党羽。

上官婉儿本是个左右逢源之人，她见韦后已倒台，便立刻带着宫人笑脸出迎，并把所拟遗诏拿给李隆基看，以证明自己永远是和李唐宗室站在一起的。李隆基看后，冷冷说道："此婢妖淫，渎乱宫闱，今日不诛，后悔无及。"就这样，历数次政变不倒的上官婉儿，终究死在了权力的旋涡中。

在依附权力的过程中盛开，亦在走向权力的巅峰中凋零，或许这就是她的归宿吧。周国平曾说："一个真正有魅力的女人，她的魅力不但能征服男人，而且也能征服女人。因为她身上既有性的魅力，又有人的魅力。"上官婉儿便是如此。

对于上官婉儿来说，人生真的就是一场烟花，经过了最美的绽放，也遭受了凋落的悲惨。不管她如何努力地证明自己，始终都没有走出权力的束缚。

她的命运是可悲的，但她的文采与诗情，却让她成为那个时代的"无冕女王"。"势如连璧友，心似臭兰人。"上官婉儿如同兰花一般，虽然终归枯萎，但她盛开的时光也惊艳了一段岁月。

杨玉环：天姿惹出安史乱

太真姿质丰艳，善歌舞，通音律，智算过人。每倩盼承迎，动移上意。宫中呼为"娘子"，礼数实同皇后。……河北盗起，玄宗以皇太子为天下兵马元帅，监抚军国事。国忠大惧，诸杨聚哭，贵妃衔土陈请，帝遂不行内禅。及潼关失守，从幸至马嵬，禁军大将陈玄礼密启太子，诛国忠父子。既而四军不散，玄宗遣力士宣问，对曰"贼本尚在"，盖指贵妃也。力士复奏，帝不获已，与妃诀，遂缢死于佛室。

——《旧唐书·玄宗杨贵妃传》

"汉皇重色思倾国，御宇多年求不得。"盛唐的盖世浮华，帝国的万千气象，在唐玄宗眼里，似乎都敌不过那个美人花前月下的嫣然一笑。

从绵绵无绝的《长恨歌》，到万人空巷的《唐明皇》，唐玄宗李隆基和贵妃杨玉环的爱情故事被古今的骚人墨客反复吟咏。人们或同情，或歌颂，或鄙夷，或鞭笞，面对同一幕悲欢离合，大家的结论却截然不同。

但是在白居易的诗里，我们还是能明显感觉到诗人笔尖流露出的同情和惋惜。只是，这种爱情的代价过于奢侈，让人望尘莫及。

从初识唐玄宗，到香陨马嵬坡，杨玉环用二十年时间，享受了无数女性梦寐以求的生活，却在唐朝由盛转衰的节点画上句号。或许，当邂逅李隆基的那一刻起，她的人生归宿已经注定。

01

一朝选在君王侧

杨玉环由于太过靓丽出众，很快就被李隆基的儿子李瑁看上。李隆基听说儿子被这个女孩迷得神魂颠倒，当即便将杨玉环册封为王妃，让她嫁给李瑁。婚后，杨玉环和李瑁十分恩爱。

好景不长，当李瑁的母亲武惠妃去世后，李隆基便鬼使神差地介入到杨玉环的感情世界中。

武惠妃本是李隆基最宠爱的妃子，她驾鹤西去，自然让这位皇帝终日郁郁寡欢，无心政事。

对此，周围人看得明白，便时不时给他吹耳边风："听说寿王李瑁的妃子杨氏倾国倾城，色艺无双，皇上何不考虑考虑呢？"

听了这话，魂不守舍的李隆基忽然有了一丝冲动：就是当年我赐婚给我儿的妃子吗，让她进宫来见我。于是，杨玉环只得乖乖进宫面见圣上。

当她在宫殿里和李隆基四目相对的那一刻，李隆基仿佛遁入仙境，人间的纷纷扰扰顿时被抛之脑后。纵然他是公元8世纪最有权势的统治者，纵然他身边佳丽三千，美人无数，也抵不过面前这个女子一颦一笑的倾国倾城的美。

她太美了，美得让人忘却了门阀和位阶，一袖春风拂槛的妩媚，便有摄魂夺魄、颠倒众生的力道。当下，李隆基便做了一个决定：杨玉环不再是李瑁的妃子，而是我生死相随的枕边人。

天生丽质难自弃，一朝选在君王侧。当这种万中无一的境遇降临时，杨玉环欣然接受，喝下命运馈赠的美酒。

02
三千宠爱在一身

论颜值，杨玉环能让当朝天子一见倾心，自然不必多说。论身材，在唐朝那个以丰腴为美的时代，丰满雍容的杨玉环也算得上个中翘楚。换言之，她拥有盛唐时期女子可以恣意妄为的本钱。

想吃荔枝？那好说，李隆基一声令下，无数农夫和官差星夜兼程都要办妥。舟车劳顿的背后，只是皇帝为博得美人一笑。

想帮亲戚？没问题，姐妹兄弟全部加官晋爵，齐刷刷过上羡煞众人的生活。

但是，杨玉环一旦作起来，有时候连李隆基也招架不住。两人第一次嫌隙，是因为杨玉环"妒悍不逊"。至于这个"妒悍不逊"的原因，史书上也没有写明，有的说是杨玉环嫉妒李隆基身边的其他宠妃，有的说是因为一些漂亮的宫女。但不管如何，我们可以解读出一个事实：那就是杨玉环爱吃醋，不容许李隆基对其他女性有过分的宠爱，而且但凡要表达情绪，杨玉环都不会轻言细语，总是会让李隆基颜面扫地。

二人感情再好，但李隆基毕竟是统领天下的万乘之尊，走到哪里都是高高在上，如果你总是不给他面子，必然也会招致不幸。

天宝五年（746年），因为杨玉环过分骄纵，李隆基忍无可忍，便把她撵回娘家。可杨玉环一走，李隆基便茶饭不思，辗转反侧，仿佛自己的世界从此崩塌。没过多久，他又下旨把杨玉环接回来。

后宫佳丽三千人，三千宠爱在一身。正因为此，杨玉环更加觉得李隆基的宠爱是没有上限的，于是开始了新一轮的攻势。

03
姊妹弟兄皆列土

天宝九年（750年），李隆基再度下旨，将杨玉环逐出宫廷。和此前不同的是，这次杨玉环虽然一如既往地骄纵无度，但并不全是她的原因。

杨玉环得到宠幸前，她的兄弟姐妹都是恭顺谦逊的普通人。等她当上了贵妃，这帮亲戚也跟着鸡犬升天，顿时摇身一变，成为颐指气使的上等人。别说普通的文臣武将，就连李隆基的家人也不敢和他们正面冲突。

眼见情势变得一发不可收拾，李隆基便觉得有必要给杨家人一个下马威。正巧，杨玉环又把自己惹得龙颜大怒，那干脆就拿她开刀吧。

对于帝王心术，杨玉环完全不了解。她不明白，为什么文武百官都觉得伴君如伴虎。但对自己和李隆基的感情，她还是非常自信的。

被逐出宫后，她便剪下自己的一缕秀发，然后托人把头发和信件都捎给李隆基。一见美人的青丝，李隆基顿时又感到无限怅惘和忧伤，立即派高力士把杨玉环接了回来。

几经起落，李隆基和杨玉环都明白了一个事实：他二人已经是神仙眷侣，彼此融入了对方的灵魂，水乳交融，不可分割。

接下来的几年，李隆基为杨玉环营造了极尽富贵荣华的人间仙境。在这仙境中，他们享用着玉盘珍馐，聆听着管乐笙歌，恩爱无限，情意绵绵。

作为女人，杨玉环不费吹灰之力，便沐浴在人世间最极致的奢华中。她的故事，让多少红颜长吁短叹，令无数家庭重女轻男。

04
婉转蛾眉马前死

天宝十四年（755年），安禄山起兵谋反，兵锋直指长安。震天动地的渔阳鼙鼓，令李隆基如梦初醒。

江山变了，不再是太宗武后时期的模样，甚至已经不在他的掌控之中。慌乱之中，李隆基带着杨贵妃等人离开长安，一路向成都逃窜。等大家到了马嵬坡的时候，众位禁军士兵哗变，杀死杨贵妃的哥哥杨国忠，并且提出一个要求："陛下，请处死贵妃杨氏。"

此言一出，李隆基的耳畔犹如五雷轰顶，久久不能平息。一帮平日里恭顺从命的士兵，危难之时提出这等要求，必然不是一时兴起。

于是，他用委婉的口气规劝大家，说杨国忠小人得志，败坏朝纲，理应伏诛，但这一切都和杨贵妃没有关系，她只是个后宫妃子罢了。

尽管李隆基苦心解释，但士兵们根本不为所动。在他们看来，正是因为杨玉环这个红颜祸水，令皇上神魂颠倒，才导致了今天的叛乱，于情于理，杨玉环都不能活下去。

当李隆基颤抖着将白绫赐给杨玉环时，两人再一次四目相对。绝望的泪水，无限的怅恨，依依不舍的诀别，无可挽回的分离，一幅幅血泪掺和的画面在刹那间纷纷展开，如梦似幻。

身为帝国的最高统治者，他如果选择了保全杨玉环，就可能和她一起共赴黄泉。身为皇帝最宠爱的妃子，她不再怨恨他的无情，因为这已经是他的最大妥协。

当白绫缠上杨玉环脖子时，李隆基的世界就此凝固。任你千里江山，万古荣耀，都不及红尘妃子的梨涡浅笑。

或许，他们的相逢是美丽的错误。或许，在另一个平行世界，李隆基延续着盛唐帝国的荣光，杨玉环也过着平静恬淡的生活。

纵然擦肩而过，也只是彼此命运中的一幕过往。但这种假设并不存在，因为前世今生已经注定，他们是天造地设的一对情人。

05

七月七日长生殿

李隆基回到长安后，立即下令搜寻杨玉环的遗体，却无果而终。杨玉环走后第七年，李隆基也在长安病逝。马嵬坡一别，现在他们终于可以继续长相厮守，再也没有音容渺茫的痛苦，再也没有阴阳相隔的凄恻。

平心而论，杨贵妃入宫之后，既不参与权力斗争，也不干涉后宫事务，即便任性骄纵，却没到败坏朝纲的地步。但那个时代，我们不可能问责于帝王，只能把江山的衰败归咎旁人。于是，"天生丽质难自弃"的杨玉环便成了头号"背锅侠"。

"朝为越溪女，暮作吴宫妃"，西施的命运，在朝夕之间形成了巨大反差；"一去紫台连朔漠，独留青冢向黄昏"，昭君的苦楚，似乎只能从悠悠羌笛中聆听一二；完成连环计后，貂蝉似乎化作一缕清风，从此消散人间。同为四大美女之一，杨玉环的遭遇却最为凄惨、最令人动容。

其他三位可以在红尘世间寻找内心的平衡，而等待杨玉环的，只有李隆基手中那条冰冷的白绫。

美貌是上天的馈赠，驾驭美貌需要后天的智慧，但除此之外，很多因素并不是一个女子能够左右的。若是把盛唐的崩溃全然归咎于杨玉环，那便是世间最大的曲解和误读。

李隆基不是一个完美的皇帝，对于唐朝的没落，他有着不可推卸的责任。但他所向往的，或许就是和那一个人长相厮守，永不分离。

七月七日，夜半无人，长生殿上的李隆基和杨玉环执手相望，定下海誓山盟：在天愿作比翼鸟，在地愿为连理枝。没有她的世界，只有众生；有了她的世界，便是天国。

张丽华：聪明美貌是催命符

性聪惠，甚被宠遇。后主每引贵妃与宾客游宴，贵妃荐诸宫女预焉，后宫等咸德之，竞言贵妃之善。由是爱倾后宫。又好厌魅之术，假鬼道以惑后主，置淫祀于宫中，聚诸妖巫使之鼓舞。因参访外事，人间有一言一事，妃必先知之，以白后主。由是益重妃，内外宗族，多被引用。及隋军陷台城，妃与后主俱入于井。隋军出之，晋王广命斩贵妃，榜于青溪中桥。

——《陈书·后主沈皇后传附》

01

由平民到贵妃

张丽华，出生于南朝的陈国。祖上世代都是军人，到了她父亲这一代，转为编织席子的小手工业者。她小小年纪便出落得花容月貌、落落大方。家人为了给她找到更好的出路，也为了贴补家用，便送她去参加宫女选拔。幸运的是，张丽华被选入太子陈叔宝的府中，给当时的龚良娣做婢女。

　　她聪明伶俐，又会察言观色，因此深受龚良娣的喜爱。龚良娣当时比较受宠，陈叔宝时常到她这里来。为了讨陈叔宝的欢心，龚良娣便让伶俐能干的张丽华在旁边伺候。于是，陈叔宝就这样见到了张丽华。

　　只一眼，便惊为天人。仅仅十岁的张丽华，梳着时兴的双丫髻，乌黑油亮，光可鉴人；刘海之下，双眼顾盼生姿，十分娇俏。很快，陈叔宝就把张丽华纳入后宫之中。

　　十七岁时，张丽华生下陈叔宝的第四子陈深，几年后生下第八子陈庄。那时，陈叔宝早已有了皇后人选，那就是太子妃沈婺华。但是，张丽华的地位完全在沈婺华之上。

　　公元582年，陈叔宝的父亲陈宣帝去世。陈叔宝趴在灵柩上痛哭流涕，不想被他心怀不轨的二弟陈叔陵用刀砍伤。养伤期间，除了张丽华，陈叔宝不让任何妃子、婢女服侍，甚至连太子妃沈婺华也不得靠近。

　　伤好后不久，陈叔宝继承大统，即刻封张丽华为贵妃。当然按照惯例，太子妃沈婺华被封为皇后。但是，皇后只是个空架子，陈叔宝的心思主要在张丽华身上。

　　陈宣帝在世时，宫殿简陋。但陈叔宝认为，简陋的住处配不上自己和张丽华，于是专门建了临春、结绮、望仙三座豪华的楼阁。陈叔宝住在临春阁，张丽华住在结绮阁，龚贵嫔、孔贵嫔二人住在望仙阁。至于沈皇后，住在别殿，陈叔宝和她几乎没有往来。

三座楼阁高几十丈，有房屋数十间，其中的木质装饰、配件都用陈年紫檀木做成。高阁整体点金缀玉，珠围翠绕。在阳光的照耀下，光明璀璨；风起时，香气四溢。楼阁下叠石成山，引水做池，奇花异草，恍如仙境。

张丽华常常着盛装，轻扶栏杆，看着楼下的山水花草。宫中人远远望去，莫不以为是仙女降落凡间。陈叔宝那首著名的《玉树后庭花》就是描写张丽华的美貌的："妖姬脸似花含露，玉树流光照后庭。"

有人说，张丽华容貌如此出众，再加上母凭子贵，受宠那是自然的了，但事情却远没有这么简单。

02
由宠妃到贤内助

在钩心斗角的后宫之中，深受宠爱的张丽华不仅没有被群起而攻之，反而人缘非常好。这是因为，张丽华善于洞察人心。她深知陈叔宝好色，虽然她现在宠冠后宫，但不代表陈叔宝只爱她一人。

事实上，自陈叔宝的刀伤痊愈之后，其他妃子就陆续得到了宠幸。若是张丽华妒忌其他妃嫔、宫女，恐怕迟早会遭到厌弃。这种从不拈酸吃醋的做法，自然让陈叔宝很满意，对她更宠爱了。

不仅如此，张丽华还有着惊人的记忆力。陈叔宝懒于政事，不肯舍了美人专门去处理政务，甚至连奏折都懒得看。他常常是一边让张丽华陪着他，一边让宦官们把奏折读给他听。

奏折格式古板，语言古奥，内容繁杂，宦官们常常是读到后面忘了前面。所以有时陈叔宝询问奏折内容时，他们往往前言不搭后语，眉头紧锁，汗流浃背。一旁的张丽华却能记得清清楚楚，一条一条说得丝毫不差。

这让陈叔宝很是惊喜，就试着让张丽华分析一下奏折的事务该怎么处理。谁知张丽华条分缕析，讲得头头是道。于是，懒惰的陈叔宝索性把有些奏折直接交给张丽华处理。

渐渐地，陈叔宝交给张丽华处理的奏折越来越多，对她也越来越依赖。陈叔宝又派给张丽华一项工作，那就是参与访察宫外事务，访察后将所见所闻报告给陈叔宝。张丽华观察力惊人，记得又清楚，所以凡所讲之事皆细节充分，让陈叔宝深觉可信。

她不单单报告事情的经过，还会告诉陈叔宝该怎么做。懒于思考的陈叔宝，常常会直接采用她的建议。自此以后，陈叔宝日益疏懒，更加依赖张丽华，张丽华的地位日益稳固。

所以说，张丽华的受宠并不仅仅是因为她长得漂亮、生了皇子，更多的是因为她的聪明能干。

03

由能人到罪人

如果张丽华一直这么兢兢业业地做下去，一边管理后宫，一边辅佐君王，那么很有可能会成为一代名妃，流芳百世。然而，她却不知分寸，无视国家法度，最终和陈叔宝一起把陈国拖入泥潭。

陈叔宝和张丽华共同听取奏折时，常常把她抱在腿上。张丽华不仅不觉得这有失身份，反而顺之从之。陈叔宝嗜酒如命，爱好观看歌舞，喜欢吟诗作对。他做这些事情时，常常要大臣们作陪，让张丽华、孔贵嫔等人夹坐在中间。不顾眼前既有白发苍苍的老臣，又有血气方刚的年轻官员，陈叔宝一味吟诗、唱歌、跳舞、烂醉如泥。

这种做派，自然让朝中那些端方中正的大臣看不下去。他们便给陈叔宝提意见，告诫他不要沉迷酒色，失了体统。这些奏折多半还是张丽华处理，她不仅不反思陈叔宝和她的错误，反而让陈叔宝重重处罚这些大臣。

对待提意见的人是这种高压态度，对待另外一类人则成了另一番态度。张丽华自己以及其他后宫之人的家人，如果犯错、犯罪，都会找张丽华。张丽华知道后，便去找陈叔宝说情，而陈叔宝基本上没有反驳过她。

不仅如此，张丽华为了让自己的儿子陈深能成为太子，不惜诬陷当时的皇后和皇太子。但是沈皇后虽然不受陈叔宝的待见，在朝中却素有贤名。而且废长立幼，又历来为大臣所强烈反对。虽然最终张丽华成功地让陈叔宝立陈深为太子，但却引起了公愤。

张丽华的无分寸和不顾原则，对陈国产生了不利影响。奉承和贿赂张丽华的人逐渐得势，而有本事的贤人却渐渐远离。加上陈叔宝沉迷酒色、怠政懒政、重文轻武，终至民怨沸腾、军备废弛，国家一天天衰落下去。

公元589年，隋军攻陷陈国都城建康（今南京），在一口枯井中发现了陈叔宝、张丽华和孔贵嫔。陈叔宝和孔贵嫔后来以俘虏的身份，被发往长安，张丽华被立即斩杀于清溪中桥。

至于为什么一定要杀她，史家观点不一。即使是《隋书》一书，在不同的传记中，给出的说法也不尽相同。有的说她是妲己再世，不杀的话会惑乱新的君主，有的则避而不谈。

"轻车何草草，独唱后庭花。玉座谁为主，徒悲张丽华。"美貌，是父母给她的礼物，但她不知分寸，有失礼仪，恣意妄为，扰乱朝政，给自己带来了灭顶之灾。

孝庄太后：康乾盛世奠基人

三年正月甲午，世祖生。世祖即位，尊为皇太后。顺治十一年，赠太后父寨桑和硕忠亲王，母贤妃。十三年二月，太后万寿，上制诗三十首以献。上承太后训，撰内则衍义，并为序以进。圣祖即位，尊为太皇太后。……上命儒臣译大学衍义进太后，太后称善，赐赉有加。太后不预政，朝廷有黜陟，上多告而后行。……太后疾大渐，命上曰："太宗奉安久，不可为我轻动。况我心恋汝父子，当于孝陵近地安厝，我心始无憾。"己巳，崩，年七十五。

——《清史稿·孝庄文皇后传》

在中国古代，妇女的政治地位一向很低。但大清王朝却诞生了一位极具政治眼光，从而站在权力巅峰的奇女子。她，就是被誉为"康乾盛世奠基人"的孝庄太后。

孝庄是中国历史上有名的贤后，她不仅辅佐皇太极战胜了明王朝，还培养出顺治、康熙两代皇帝，是清代最杰出的女政治家。

01

赞助内政，越既有年

天命十年（1625年）二月，清宫纳彩之日，皇太极看着阶前向自己行礼的女孩，略带不耐烦地挥了挥手，问道："不必多礼，你叫什么名字啊？"

女孩抬起头来，柔声回答说："回殿下，妾身布木布泰，来自科尔沁草原，我的父亲是博尔济吉特贝勒。"这位名叫布木布泰的女孩，就是日后名动天下、权倾一时的孝庄太后，只不过，此时的她，还仅仅是皇太极身边一个毫不起眼的侧妃。

在清朝初年，满蒙联姻是一项国策。在那个战乱纷争、强者为尊的年代，贵族女性的婚姻是无法自主的，她们身上，背负着家族的责任与使命。孝庄的婚姻，就是一场为家族利益而牺牲的政治联姻。

在孝庄十三岁那年，由哥哥做主，把她许配给当时还是贝勒的皇太极。要知道，此时的皇太极，比孝庄整整大了二十一岁，更重要的是，他并不爱孝庄。

年少进宫的孝庄，受封为永福宫庄妃，论资排辈，只能屈居后宫之末，可见她在后宫的地位并不显赫。

皇太极最爱的女人，是孝庄的姐姐海兰珠。孝庄入宫九年后，海兰珠也嫁给了皇太极，被册封为宸妃。海兰珠深得皇太极的宠爱，这从她寝宫的名字"关雎宫"便能看出来。《诗经》有云："关关雎鸠，在河之洲，窈窕淑女，君子好逑。"由此可见，皇太极实在是爱极了海兰珠。

后来，皇太极与明朝军队在松山、锦州一带进行决战的时候，海兰珠病重不起，皇太极得知此事后，做出一个不理智的决定：置前线数万大军的安危于不顾，昼夜兼程赶回盛京。但即便如此，皇太极也没能见到海兰珠的最后一面，他刚走到盛京城外，海兰珠就病逝了，皇太极闻讯悲伤不已，当即哭昏在地，连续几天水米不进。相比之下，皇太极分给孝庄的爱，几乎可以忽略不计。

身为一个女人，孝庄的婚姻大事被父兄作为政治筹码，本就很不幸了，而丈夫皇太极的柔情蜜意，更是一点都没有享受过，个中滋味，能与谁人言？

不过，孝庄虽然在情场上失意，但她在理政方面表现出来的才能，却让皇太极刮目相看，皇太极不但经常与她谈论朝堂之事，有时还会听取她的意见和建议。

就拿劝降洪承畴一事来说吧。洪承畴，万历年间进士出身，是当时少有的"文能提笔安天下，武能上马定乾坤"的人才，如果他能归降大清，对于瓦解明朝斗志、加快战争进程，都具有重大意义。因此，皇太极决心不惜一切手段，软硬兼施，劝降洪承畴。

然而，洪承畴却颇有文人风骨，他"延颈承刀，始终不屈"，这让皇太极一筹莫展。民间传闻，就在这时，孝庄毛遂自荐，愿意替夫君分忧，亲自去劝降洪承畴。

见到洪承畴后，孝庄动之以情、晓之以理，先是表达了自己对洪承畴视死如归气节的仰慕，然后又以一位妻子的角度，告诉洪承畴：丈夫的性命不仅仅是自己的，更是妻子儿女的精神支柱。如果丈夫死了，妻子儿女就会失去头顶上的天，这个家就散了。

最后，孝庄还向洪承畴保证，如果他归顺清朝，皇太极会封锁消息，以保证他妻儿的人身安全，直至洪承畴全家团圆。

人非草木，孰能无情？听了孝庄的好言劝慰，洪承畴渐渐放下了心防，听从孝庄的建议，归顺了大清，为皇太极立下汗马功劳。

虽然这件事的真实性尚待考证，但孝庄确实是一位天资聪颖、胆识过人，且富有谋略的女性。也正因如此，孝庄逐渐成了深受皇太极器重的贤内助，还被皇太极夸奖为"赞助内政，既越有年"。

02

巧妙周旋，扶子上位

孝庄人生命运的转折点，发生在公元1643年9月21日。当日，清太宗皇太极猝死于盛京，终年五十二岁。他生前未立遗嘱，因此选谁来当皇位继承人，成了朝堂内外争论的焦点。

当时最有实力继承皇位的有两个人，一个是皇太极的长子、掌管户部事务的肃亲王豪格，另一个是皇太极的弟弟、掌管吏部事务的睿亲王多尔衮。

为了争夺皇权，两拨人马一度发展到剑拔弩张的地步，甚至公然带着兵器在朝堂上斗殴。

为了稳定局面，八旗王公里资历最老的正红旗主代善站了出来，他联合镶蓝旗主济尔哈朗，提出了一个折中的方案：拥立同样是皇太极儿子的爱新觉罗·福临继位，在福临长大亲政之前，由代善和多尔衮共同辅政。

这个提议一出，就得到了各方的认可，而福临的生母孝庄，也因此母凭子贵，从后宫众妃中脱颖而出，成了皇太后。

但孝庄清醒地认识到，自己和儿子只不过是坐在台前的傀儡，身家性命仍被多尔衮牢牢抓在手中。为了避免多尔衮对自己和儿子下毒手，孝庄一方面暗中笼络朝中重臣，广结善缘；另一方面则以退为进，把实权彻底交给多尔衮，以消除他的戒心，好实现韬光养晦的目的。

表面上，孝庄对多尔衮的张狂置之不理、无动于衷，但事实上，她这么做全是为了麻痹多尔衮，以免多尔衮对小皇帝产生戒备，加速她们母子的灭亡。隐忍七年后，孝庄苦苦等待的那个机会终于来了：摄政王多尔衮死于塞北狩猎途中。

多尔衮猝然离世，留下了大片的权力真空地带，这时孝庄此前苦心孤诣的布局就派上用场了。她不仅用"安抚追封"这个四两拨千斤的方法，为福临赢得了亲政的权力，还在多尔衮余党作乱之际，联合朝中所有反对多尔衮的大臣，将多尔衮的势力一网打尽。从此，十四岁的爱新觉罗·福临真正掌握了朝政大权，年号顺治。

然而顺治自幼缺少教育，因此识字不多，无法批阅大臣奏章，他曾对身边人说："朕极不幸，五岁时先太宗早已晏驾，皇太后生朕一身，又极娇养，无人教训，坐此失学。"没办法，孝庄只得替儿子出谋划策，帮他安排好朝堂内外的一切事宜。

顺治在位时做出的决策，无论是迁都北京、和善蒙古，还是免除三饷、兴利除弊，背后都有孝庄的影子。一切仿佛都是注定好的，是命运将她推向了历史的舞台。

03
辅佐孙儿，成就盛世

有人说，女人一生最大的悲痛，莫过于中年丧夫，晚年丧子，而孝庄无一幸免。顺治帝福薄命浅，在二十四岁的时候便因病离世，将皇位留给了年仅八岁的爱新觉罗·玄烨，也就是大名鼎鼎的康熙皇帝。孝庄非常喜爱这个孙子，想把他培养成一位博学多才的明君。

孝庄本人很喜欢阅读史书，所以她也着重培养康熙爱读书的习惯。在孝庄的影响下，康熙一生都酷爱读书。不管任何时间、任何地点，他只要捧起书本，就能全身心投入进去，甚至能做到"早夜诵读，无间寒暑，至忘寝食"的地步。

读书之外，孝庄也注重在礼仪规范、体育锻炼等方面培养康熙。多年后，康熙帝深情地回忆说："奉圣祖母慈训，凡饮食、动履、言语皆有矩度，虽平居独处，亦教以罔敢越轶，少不然即加督过，赖是以克有成。"

此外，孝庄在辅佐皇太极和顺治帝的时候，积累了很多为人处世和治国安邦之道，这些宝贵的人生、政治经验，孝庄也毫无保留地传授给年幼的康熙。

康熙在位之初，能顺利除鳌拜、平三藩，清除朝野内外的种种隐患，少不得孝庄在旁协助与指点。有一次，孝庄曾当着众臣之面问康熙："身为天下之主，你有什么打算啊？"

年幼的康熙丝毫没有迟疑，朗声回答说："臣无他欲，唯愿天下乂安，生民乐业，共享太平之福而已。"

这个回答让孝庄备感欢欣鼓舞：年纪小小的康熙皇帝，就拥有做贤明君主的决心，看来自己多年的精心培育和用心付出，终于初见成效了！

虽然孝庄尽心尽力地辅佐康熙，但她始终恪守本分，不僭越、不干涉、不指手画脚，这种品格非常难能可贵，因此康熙和孝庄祖孙两人的感情非常好。在康熙眼中，孝庄是一个慈爱、睿智的祖母，而且极富政治才能，他甚至称赞皇祖母为"宫中尧舜"。

公元1688年，孝庄走完了自己漫长的一生，享年七十五岁。

按照清朝的丧葬制度，皇后无论死于皇帝之前或之后，都要与皇帝合葬，同陵同穴。但根据《清史稿》的记载，孝庄生前特意嘱咐康熙说："太宗奉安久，不可为我轻动。况我心恋汝父子，当于孝陵近地安厝，我心始无憾。"

孝庄太后去世后，康熙回忆起祖母的恩情，日夜流泪不已："忆自弱龄，早失怙恃，趋承祖母膝下三十余年，鞠养教诲，以至有成。设无祖母太皇太后，断不能有今日成立。罔极之恩，毕生难报。……"

都说一个成功男人的背后，总有一个默默付出的女人，站在皇太极、顺治和康熙背后的女人，就是孝庄太后。她始终默默站在幕后，辅佐着皇家祖孙三代，从协助丈夫、培养儿孙，到牵制朝野、稳定政局，孝庄用女人那柔弱的肩膀，扛起了大清的江山。

正是因为孝庄的不懈努力和默默付出，大清王朝才实现了由乱到治的转变，并进入了"康乾盛世"这一鼎盛时期。不过，回望孝庄太后漫长的一生，无论是荣耀尊贵的身份，还是与之并存的家国重任，又何尝不是一种无形的束缚呢？

在电视剧《孝庄秘史》开头，一座充满历史尘迹而败落的陵墓展现在眼前，雄鹰从紫禁城上空掠过，一根羽毛缓缓盘旋，最终飘落在孝庄脚下。我们听见她在呢喃自语："我这一生最爱的到底是谁呢？是大清？是丈夫？还是儿孙？"无论答案是什么，都显得如此悲凉……

第四章

王室公主

平阳公主（西汉）：一生三嫁得良缘

是时平阳主寡居，当用列侯尚主。主与左右议长安中列侯可为夫者，皆言大将军可。主笑曰："此出吾家，常使令骑从我出入耳，奈何用为夫乎？"左右侍御者曰："今大将军姊为皇后，三子为侯，富贵振动天下，主何以易之乎？"于是主乃许之。言之皇后，令白之武帝，乃诏卫将军尚平阳公主焉。

——《史记·外戚世家》

前些年《大汉天子》系列电视剧的热播，不仅让历史上著名的汉武大帝火遍了大江南北，也让他的姐姐平阳公主跟着刷了一大波热度。平阳公主作为汉武帝最尊重的姐姐，她的人生经历和汉武帝一样，也充满了坎坷与传奇。

她一生经历了三次婚姻，最后竟然以金枝玉叶之躯，选择为马夫出身的卫青守寡，并在死后与他合葬。那么，历史上的平阳公主在这三段婚姻里，分别经历了些什么？为什么她最后会做出这样的选择呢？

01

金枝玉叶长公主，初嫁不幸早丧夫

史书上没有任何关于平阳公主早年的记载，但俗话说"皇帝爱长子"，作为汉景帝刘启和王皇后的第一个孩子，平阳公主无疑是在所有人的期待下降生的。虽然因为生而为女，她不能成为继承人，但在很长一段时间里，她的确专享了帝后的宠爱，成为大汉帝国里最快活的小公主。

当这个备受宠爱的公主长大之后，她的父母也像其他父母一样，为她精心挑选了一个合适的丈夫。只不过，作为全大汉最有权势的一对父母，他们挑选的人自然也不是什么平民百姓，而是有权有势的平阳侯曹寿。

曹寿是西汉开国功臣曹参的曾孙，他不仅出身名门，长得一表人才，而且年纪还和平阳公主差不多。于是，公主欣然接受了这桩婚事，高高兴兴地嫁了过去。

按照当时的习俗，人们会以驸马的封号来称呼公主。所以，"平阳公主"这个称号就跟了她一辈子。

事实证明，帝后的眼光还是不错的。曹寿和平阳公主之间有没有产生爱情，我们无从得知。但曹寿却在这段婚姻里，给了平阳公主最大的自由，让她在成婚后也能做一些自己想做的事情。

结婚没几年，他们就有了第一个孩子曹襄。"天有不测风云，人有旦夕祸福"，幸福的时光总是很短暂。他们的孩子出生没多久，曹寿就患了一场重病。这场病来得突然而又猛烈，让曹寿和平阳公主都猝不及防。即使后来平阳公主利用自己的权势，找遍了天下良医，也没能将丈夫从死神手里抢救回来。

就这样，平阳公主年纪轻轻就失去了丈夫，从大汉最幸福的女人变成了一个寡妇。

02
情深不寿实为艰，二嫁风波惹人言

曹寿死后，平阳公主为他守了七年的寡。但斯人已逝，而这时的平阳公主还很年轻，总不能就这样寡居一辈子吧！于是，在弟弟汉武帝刘彻的主导下，平阳公主第二次出嫁。汉武帝按照当年父母为姐姐选婿的标准，在诸多世家子弟中，为姐姐选了汝阴侯夏侯颇为婿。

但人和人是不一样的，同样的出身并不代表能拥有同样的人品和性格。从小就继承爵位并有封地的汝阴侯夏侯颇，虽然和曹寿一样相貌英俊且出身名门，但他却是个纨绔子弟。他不像曹寿那样尊重平阳公主，而是十分贪财好色，喜欢拈花惹草。

面对这样的丈夫，平阳公主委屈不已。但是，那又能怎么办呢？那个时代女性的地位远不如现代，即使高贵如公主，平阳公主也不能随心所欲。她只能把所有的委屈和苦楚都吞下肚，一日日地熬下去。

就在她以为自己的人生不能更坏了的时候，厄运再次光顾了她。据《史记》记载，公元前114年，夏侯颇竟然色胆包天地和他爹的小妾私通。而在被人揭发之后，夏侯颇并没有站出来承担责任，反而因为受不了世人的眼光畏罪自杀了，把烂摊子留给平阳公主一人。

这让平阳公主陷入深深的绝望之中。然而，祸不单行，丈夫以极其不光彩的方式死去之后，平阳公主又迎来了第二重打击：她的儿子曹襄也因病去世了。这下，纵是坚强如平阳公主，也无法从这么沉重的打击里振作起来。

从那以后，她整个人就陷入了苦闷之中，整天郁郁寡欢。

03

昔日家奴变将军，得遇良人是卫青

丧夫丧子的平阳公主迎来了人生的至暗时刻，然而，就在平阳公主最沮丧的时候，卫青出现了。

卫青是谁呢？很多人都知道，卫青是西汉时期抗击匈奴的大英雄，是皇后卫子夫的弟弟，是誉满天下的大将军。但在这光鲜亮丽的背后，却是一段不堪回首的过往。

卫青原本是河东平阳人，他出身卑贱，曾是平阳侯家的一名马夫。要不是因为他的姐姐卫子夫逆袭成功，成了汉武帝的皇后，他也跟着得到了翻身的机会，平阳公主这辈子可能都不知道他这个人。

不过，卫青也是个了不起的人物。他牢牢地抓住了命运赐予的机会，上战场与匈奴拼杀，不仅为大汉杀出了一条血路，也为自己的人生杀出了一条通途。而后，他从一个卑贱的马夫，成了掌握大权的司马大将军，成了位极人臣的长平侯。

随着卫青的权势越来越大，慢慢地，就有人开始向寡居在家的平阳公主推荐他。刚开始平阳公主其实是不愿意的，她经历过两次门当户对却以惨淡收尾的婚姻，已经对婚姻感到绝望了。更何况，卫青虽然是朝中新贵，但毕竟出身真的不高，生活在一起之后会幸福吗？

但无奈劝说的人太多，加上汉武帝也认为卫青是个不可多得的人才，所以就极力从中撮合他们。就这样，平阳公主最后抱着担忧嫁给了卫青，开启了她的第三段婚姻。

04
一生三嫁终归卫，真爱无悔葬一陵

出乎所有人的意料，卫青虽然不像曹寿那样温文儒雅，也不像夏侯颇那样出身名门，却是一个心胸宽广且非常有担当的男人。他和平阳公主相处的时候，总是尽自己最大的努力让平阳公主开心。不管平阳公主做什么，他总喜欢安静地陪在她身边。

在这样的相处中，平阳公主的担忧慢慢被幸福代替。在平阳公主的三任丈夫里，卫青看似是和她身份地位最不匹配的一个，但事实证明，和卫青在一起的平阳公主，才是真正被呵护的公主。

卫青见过平阳公主从婚姻美满到两次守寡，看她从青葱美貌到年华逝去；而平阳公主见过卫青身为奴仆时的卑躬屈膝，也见过他成为大将军的意气风发。

正因为他们见过彼此最光彩的一面，也看到过对方最潦倒的模样，所以他们懂得彼此的伤痛，也就更加能包容对方。因此，在他们十年的婚姻里，他们在彼此身上得到了不曾得到的关爱和温暖，也抹平了各自前半生的伤痛和苦难。

于是，当卫青病逝之后，平阳就决定为他守节不再改嫁，甚至在临终前还留下遗嘱，说希望和卫青葬于一陵。

平阳公主用她的三次婚姻告诉我们：真正的爱情，向来和身份地位无关；而美好的婚姻，靠的是精神上的门当户对。

平阳公主（唐）：不爱红装爱武装

> 义兵将起，公主与绍并在长安，遣使密召之。……绍即间行赴太原。公主乃归鄠县庄所，遂散家资，招引山中亡命，得数百人，起兵以应高祖。……时公主引精兵万余与太宗军会于渭北，与绍各置幕府，俱围京城，营中号曰"娘子军"。京城平，封为平阳公主，以独有军功，每赏赐异于他主。六年，薨。及将葬，诏加前后部羽葆鼓吹、大辂、麾幢、班剑四十人、虎贲甲卒。

——《旧唐书·柴绍传附》

01

不爱红装爱武装

纵观历史，唐朝是一个充满气象和能量的朝代。从开国建制之始，那一批卓尔不群的人杰才俊便给这个朝代注入了不凡的基因。无论是高举大旗的李渊父子，还是跟随他们出生入死、定鼎天下的文臣武将，个个都是流芳后世的英雄。但在这将星云集的队伍里，有一颗星星却格外耀眼夺目，她便是平阳公主。

平阳公主的名字、出生年月及其少年经历，在历史上都没有明文记载。当她出现在史书上的时候，李渊已经把她嫁给了自己的爱将柴绍。两人结婚之后，就开始在长安城过着幸福甜蜜的生活。

生于权贵家庭，伴侣又是有名的青年才俊，平阳公主轻轻松松地就活成了众人羡慕的样子。未来等待她的，似乎只有无尽的甜蜜与浪漫。

本以为和平的岁月就会如此静静流逝，可谁知隋文帝杨坚去世后，他的儿子杨广开始倒行逆施，不仅令天下百姓怨声载道，而且让李渊这种贵族也颇为不满。终于有一天，李渊下定决心要站出来讨伐这个暴君，还百姓一个太平盛世。

正式高举义旗之前，李渊专程派人来长安，给平阳公主和她的夫君柴绍通风报信。柴绍得知情况后，便立即收拾行装，准备前往李渊的大本营，跟随他图天下大计。但在临行前，他突然犹豫了："我可以一走了之，但妻子怎么办呢？"

百般纠结之下，他拉着平阳公主的手，饱含深情地对她说："令尊将要起兵对抗杨广，扫平乱世，作为他的部将，我肯定要跟随他的脚步。可是，如果我们两个一起离开，又容易引起敌人注意，但把你一个人留下，我又非常担心，这该如何是好呢？"

换作其他养尊处优的公主，要么会刁蛮任性地胡闹一番，要么就哭哭啼啼不知所措。可平阳公主只是告诉丈夫："你赶紧离开长安才是上策！我一介女子，遇到危险可以藏起来，到时候我再慢慢想办法。"就这样，两人告别。彼此都知道这一别也不知何年何月才能相逢。

柴绍如约前往太原，跟随李渊一起征战天下，平阳公主并没有刻意躲躲藏藏，而是径直离开长安来到鄠县。不久之后，平阳公主的音讯中断，江湖上突然多了一位名叫"李公子"的神秘人物。这个神秘人物不是别人，正是女扮男装的平阳公主。

02
一枝独秀艳群芳

提到娘子军，大家脑中多半会浮现出这样一幅画面：一群平日里嬉笑打闹、娇媚活泼的女性，摇身一变，顿时化身为一群斗志昂扬、技艺超群的战士。穿上女装，她们是一道迷人的靓丽风景；换上军装，她们又是强大的钢铁城墙。

可令人惊奇的是，隋末唐初的这支娘子军，并不是一群"不爱红装爱武装"的姑娘，大多数成员居然是五大三粗的汉子。他们被称作"娘子军"的唯一理由，就是他们的统帅是平阳公主。

早在娘子军创立初期，这支部队没有名字，人数仅仅数百，而且领头的平阳公主还是用的自己的化名"李公子"。这一切并不是心血来潮的突然之举。在和丈夫柴绍分别后，平阳公主就暗自下定决心：尽管是女儿身，但依然要在这个风云乱世做点不同寻常的事情。

按照我们惯常的印象，公主一般都是养尊处优、远离劳苦大众的，别说让她们冲锋陷阵，就是稍微劳累下身子骨，家人都会心疼。可平阳公主完全没有这些公主病，她仿佛天生就具有领袖气质，很容易便能和大家打成一片。

当父亲正式起兵抗隋的消息传来后，平阳公主喜出望外。她一边憧憬着父亲和丈夫同进退、建功立业的情景，一边四处奔走，致力于让麾下几百人的队伍继续发展壮大。

俗话说一个好汉三个帮，刘关张三兄弟都要团结起来才能创业，平阳公主又怎能光靠自己单打独斗呢？经过仔细的挑选，她提拔了一个名叫马三宝的人。这个人本来只是柴绍门下的一名家仆，可他的忠心和胆识却让平阳公主印象深刻。

不久之后，马三宝就成了公主的得力助手。在招降何潘仁的行动中，马三宝兵不血刃，轻松说服了这个坐拥数万兵马的大盗，令其乖乖为公主效命。

这一来，平阳公主的起义军队伍立刻成为一支不容忽视的力量，周围百姓纷纷慕名前来投靠。他们不仅把公主称作"李娘子"，并给公主的队伍取了个新名字——"娘子军"。

此时此刻，她不再需要女扮男装，不再需要"李公子"这个称号，而是大胆地骑上战马，走上前线，以飒爽的英姿和独特的魅力，率领着一帮男性高歌猛进，直捣黄龙。

03
傲立雄关震天下

公元617年，柴绍和平阳公主终于久别重逢。但这一次，他面对的不是一个深居闺中的已婚女子，而是一个统率千军万马的巾帼英雄。

作为父亲，李渊万万没想到，自己的女儿已经在关中地区为自己打下了大片疆土；作为丈夫，柴绍也对妻子的壮举赞不绝口。从今以后，夫妻俩就昂首阔步地共赴战场。

我们常说，一个成功的男人背后，常常有一位默默支持他的伟大女性。当柴绍跟随李渊、李世民东征西讨，奠定初唐山河版图的时候，平阳公主便奉李渊的命令，率领麾下的娘子军来到山西大本营，守住关隘，牢牢把守李家的龙兴之地。

后方大本营的安危，将直接影响李唐集团的命运走向。如果李渊他们在前线进攻不力，后院又突然失火，那就不单是军事失败的问题，整个李氏家族都会遭遇灭顶之灾。

驻守期间，平阳公主和部下每天都枕戈待旦，悉心操练，为可能发生的每一场战役做准备。当敌人看到娘子军如此严阵以待、斗志昂扬时，也只能望洋兴叹、恨恨作罢。

这个时期，平阳公主虽然没有像父亲和丈夫那样纵横驰骋，但却以另一种方式彰显了自我的价值。正所谓"善战者无赫赫之功"，比起拥有决胜千里的奇谋，置之死地而后生的勇气的人，像她这样气定神闲间便把危难化于无形的人，才是真正的高手。

战火硝烟中，平阳公主没有成为任何男性的陪衬。在她身上，我们看到的不是一个深居闺中、自怨自艾的公主，而是一个顶天立地、智勇兼备的女中豪杰。这何尝不是对女性的又一种定义和诠释呢？

04
戎马巾帼永留名

长安之战后，平阳公主突然从众人的视野里淡出。直到公元623年，她才再度成为焦点。这一年，她去世了。

没有远嫁和亲的凄恻与酸楚，没有旷世绝恋的悲情与壮丽，这个名盖一时的女英雄就这么仓促地离开了历史舞台，仓促得没有来得及留下一丝哀伤的空气。

在如何安葬的问题上，父亲李渊坚持以军礼厚葬自己的女儿。这个提议，自然遭到了礼官的反对。在礼官看来，用军队的礼节下葬一个妇道人家实在不成体统，难以服众。

对此，李渊斩钉截铁地说："在以往，平阳公主总是亲临战场，身先士卒，擂鼓鸣金，参谋军务。试问，从古到今何尝有过这样的女子？以军礼的形式来安葬这位公主，有什么不妥之处吗？"

　　李渊这番话，让人完全无法反驳。就这样，朝廷破例以军礼的形式下葬平阳公主，她也因此成为我国古代历史上唯一以军礼安葬的女性。

　　如果说宋朝孕育了文人的雅韵和风骨，那么唐朝则奠定了中华儿女骨子里的大气与从容。在那个异彩纷呈、气象万千的时代，平阳公主用卓尔不群的人生轨迹，镌刻下独一无二的女性传奇。

　　她的一生是短暂的，但这短暂而又瑰丽的人生却实实在在传递给我们一种信念：人生从来就没有什么条条框框，我们不必在乎他人怎么评价，只须努力成为更好的自己。

文成公主：远嫁和亲换安宁

> 十五年，妻以宗女文成公主，诏江夏王道宗持节护送，筑馆河源王之国。弄赞率兵次柏海亲迎，见道宗，执婿礼恭甚，见中国服饰之美，缩缩愧沮。归国，自以其先未有昏帝女者，乃为公主筑一城以夸后世，遂立宫室以居。公主恶国人赭面，弄赞下令国中禁之。自褫毡罽，袭纨绮，为华风。遣诸豪子弟入国学，习《诗》《书》。又请儒者典书疏。
>
> ——《新唐书·吐蕃列传》

自古以来，中原王朝和亲远嫁之女不在少数，其中当以王昭君与文成公主最为后人熟知。她们都远嫁邻邦，都以柔弱之躯换来了国家的安宁。比起王昭君的名留青史，文成公主显然没有那样幸运。因为她连名字都没有流传下来，只是留下了一个公主的封号。

01

吐蕃抢亲

公元641年，文成公主还是一个十六岁的花季少女。放在现代，十六岁正是一个少女懵懂的年纪，她本该在父母身边衣食无忧地长大。可一道和亲诏书，却让她不得不离开自己的家乡，前往千里之外的吐蕃和亲。

唐太宗素来推崇和亲的政策，他曾对大臣们说："朕为苍生父母，苟可利之，岂惜一女！北狄风俗，多由内政，亦既生子，则我外孙，不侵中国，断可知矣。"唐太宗一向是说到做到的，他曾把自己的妹妹衡阳公主嫁到突厥，又把弘化公主嫁给吐谷浑可汗，从而建立了大唐与突厥、吐谷浑之间的友好关系。

吐蕃君主松赞干布听闻突厥和吐谷浑都同大唐和亲后，非常羡慕，于是也想娶一位唐朝公主做自己的妻子。所以，松赞干布便遣使臣来大唐求婚，但却遭到了唐太宗的拒绝。

在大唐眼中，此时的吐蕃不过是边陲小邦，有什么资格来求娶金枝玉叶的公主呢？吐蕃使者在唐朝碰了一鼻子灰，回国后又不敢照实禀报，于是便把锅甩给了吐谷浑。吐蕃使者对松赞干布说："天子遇我厚，几得公主，会吐谷浑王入朝，遂不许，殆有以间我乎？"

本是自己办事不力，却甩锅给别人，这位吐蕃使者也算得上是一个"人才"了，只可怜吐谷浑无缘无故成了背黑锅的。这一席话让松赞干布非常生气，难道我吐蕃就不如他突厥、吐谷浑吗？

为了报复吐谷浑的"从中作梗"，同时也为了彰显实力，松赞干布很快便出兵攻打吐谷浑、党项、白兰羌，兵锋直逼唐朝的松州。

自古和亲，都是中原王朝主动嫁女，而这次松赞干布却更像是来抢亲的。他不仅通过军事实力向唐朝施加压力，还"命使者贡金甲，且言迎公主"，想恩威并施，迫使唐朝屈服，并扬言："公主不至，我且深入。"

据吐蕃史书《世系明鉴》记载，松赞干布曾写信威胁唐太宗说："若不许嫁公主，当亲提五万兵，夺尔唐国，杀尔，夺取公主。"可当时的唐朝正值鼎盛时期，连强大的突厥都不惧怕，又怎会将吐蕃放在眼里？

面对松赞干布的大言不惭，唐太宗立刻派出军队前去镇压。双方在经过几场战斗后，都不由得暗暗惊奇。吐蕃惊奇的是，唐军居然比想象中的还要强大；而唐朝惊奇的却是，这个不入流的吐蕃竟然有不输于突厥的战斗力。

但大唐毕竟国强民富，战争如果持续下去，吐蕃是一定吃不消的。松赞干布在衡量得失后，决定放弃进攻，并派重臣携黄金五千两及其他珍宝前来谢罪，顺便再次请求迎娶公主。唐朝画家阎立本的传世名画《步辇图》，记录的便是唐太宗接见吐蕃重臣禄东赞的情景。

经过与吐蕃的战争，唐太宗也认识到了吐蕃是一个颇具实力的政权。既然吐蕃松赞干布知错能改，还这么给大唐面子，那就答应他吧。就这样，唐太宗决定答应松赞干布和亲的请求。

02
一去不返

关于与吐蕃的和亲还有这样一个故事。当时，吐蕃重臣禄东赞率领求婚使团，前往唐都长安请婚。不料，天竺、格萨、大食、霍尔的国王也派了使者求婚，他们均希望迎娶贤惠的公主。于是，唐太宗决定让使者们比智慧，谁胜利了，便把公主嫁给谁。

唐太宗一共出了六道试题，让使臣们解答，而这些试题无一不是刁钻异常。比如，有一题是要求把一根很细的丝线，穿过一颗有九曲孔道的明珠。这可难坏了各国使臣。不过，禄东赞却三下五除二地就给解决了。

他把丝线系在一只蚂蚁的腰部，让蚂蚁带着丝线，爬过明珠的九曲孔道，最终，成功完成任务。禄东赞依靠自己的聪明才智，接连解答出六道难题，赢得了最终的胜利。这便是历史上著名的"六试婚使"的故事。在拉萨大昭寺和布达拉宫内，至今仍完好地保存着描绘这一故事的壁画。

　　虽然唐太宗答应将公主嫁往吐蕃，但他又不忍心将自己的亲生女儿远嫁去那苦寒之地，所以准备挑选一名宗室女子，加封为文成公主，前往吐蕃和亲。两国和亲，自然不能马虎，唐太宗挑来选去，最终选定了一位宗室女，也就是后来的文成公主。

　　文成公主做梦都没想到，自己的命运就这样被别人"敲定"了。在这场政治联姻中，她就是一个维系唐蕃两国和平的工具，她没有任何选择权。

　　不过，为了表示重视，唐太宗还是给文成公主准备了丰厚的嫁妆——释迦佛像、珍宝、金玉书橱、三百六十卷经典，以及各种金玉饰物。最终，浩浩荡荡的送亲队伍从长安出发了。

　　在文成公主入藏的途中，留下许多传闻。

　　这天，送亲队伍来到赤岭，文成公主停下玉辇，登高望远：身后熟悉的汉地风景已然消失，远方草枯云惨，雪峰连绵，一时愁丝万缕，不由得思念起父母来。她想起临别时，母亲送给她一面宝镜，并告诉她："若怀念亲人时，可从宝镜里看到母亲。"

　　于是她取出宝镜，双手捧着照起来，不照则已，一看反倒吃了一惊。原来文成公主从镜子里看到的并不是母亲，而是自己憔悴的面容。她一生气，便把宝镜摔在地上。

　　没想到，宝镜一落地，立刻化成一座高山，后人称之为"日月山"。日月山恰好挡住了一条东去河流的去路，河水不得不掉头回流，于是人们称这条河为"倒淌河"。也许，这便是文成公主永不返回中原的预兆吧。

03

雪域长存

幸运的是，文成公主遇到了一个爱自己的丈夫。松赞干布从小学习汉族知识，向往中原文化，对文成公主更是宠爱有加。为了给文成公主一个好的居住环境，也为了纪念这场来之不易的婚姻，松赞干布"为公主筑一城以夸后世，遂立官室以居"。松赞干布许诺的这座城，就是今天的拉萨。

文成公主不喜欢吐蕃人"以赭涂面"的习俗，松赞干布当即下令予以废止。就连松赞干布自己也脱掉毡裘，改穿绢绮，并派吐蕃贵族子弟到长安读书学习。文成公主的到来给吐蕃带来了先进的文化和技术，改善了吐蕃人的生活。吐蕃人也亲切地称呼她为"白度母"，即观世音菩萨的化身。

时间久了，文成公主也会思念故土。古人以杨柳代表离思，文成公主便将从长安带来的柳树苗种在了大昭寺周围，借以表达对故乡的思念。柳树苗渐渐长大，文成公主也慢慢适应了吐蕃的生活，与松赞干布相敬如宾，日子过得还算幸福。

不过，文成公主的美好生活并没有持续太久，九年之后，松赞干布便去世了。文成公主并没有和松赞干布生下子嗣，一人在世的生活充满了孤苦，但她始终没有忘记自己肩负的使命。

《唐律疏议》规定：妇女守孝期满，可以再婚。按照当时的大唐法律，丈夫死后，妻子是可以改嫁的，而且也是朝廷鼓励的。

公元669年，唐高宗见文成公主一直不归，担心皇家女子在外受委屈，于是便派使臣出使吐蕃，迎接文成公主回长安颐养天年。为了唐蕃两国人民能够安居乐业、永享太平，文成公主拒绝了高宗的好意，她决定继续留下来，就这样，一直到她生命结束，也未返回大唐。

公元680年，文成公主因患天花去世，吐蕃人为她举行了空前盛大的葬礼，大唐也专门派遣使者吊祭。而这距离松赞干布去世已有三十年了……

十六岁远嫁吐蕃，独留雪域三十余年，文成公主用自己的一生写下了"伟大"二字。不过，史书中却没有留下她的名字，留下的仅仅是一句"十五年，妻以宗女文成公主"的记录。至于文成公主叫什么，出自宗室谁家则一概不知。虽然史书没有记录她的名字，但历史却不会忘记她的传奇。

"自从贵主和亲后，一半胡风似汉家。"文成公主用自己的一生，在异国他乡留下了汉族女子的传奇，换来了大唐与吐蕃的友好往来，让生命在雪域高原绽放。

高阳公主：机关算尽为情迷

次子遗爱，尚太宗女高阳公主，拜驸马都尉，官至太府卿、散骑常侍。初，主有宠于太宗，故遗爱特承恩遇，与诸主婿礼秩绝异。主既骄恣，谋黜遗直而夺其封爵，永徽中诬告遗直无礼于己。高宗令长孙无忌鞫其事，因得公主与遗爱谋反之状。遗爱伏诛，公主赐自尽，诸子配流岭表。

——《旧唐书·房玄龄传附》

01

年少得失君心

半个盛唐，勾勒于诗人酒醉的豪肠。慢束罗裙，修饰出大唐女子艳绝的风情。高阳公主就出生于这样一个文化昌盛、民风开放的唐朝盛世。金碧辉煌的宫廷之中，锦衣玉食、富贵荣华于她是日常生活。

她的父亲，乃文治武功千古一帝唐太宗李世民。她虽没有流传青史身居高位的母亲，却能从太宗的二十一位公主中脱颖而出，让史书写下一句："初，主（高阳公主）有宠于太宗。"皇帝父亲的宠爱、物质的丰富与精神的充盈，让年少的高阳公主坐拥鲜衣怒马、诗酒趁年华的恣意生活。

当繁华万千唾手可得，她或许也憧憬过一位满腹才情的如意郎君。然而许多公主凄凉悲苦的命运，都始于一段迫于无奈的政治婚姻，备受娇宠的高阳公主也难幸免。唐太宗为高阳公主千挑万选的夫婿房遗爱，乃是他的左膀右臂一代贤相房玄龄之次子。

太宗曾这样赞许房玄龄："贞观年以前，跟随朕夺取并治理天下，以房玄龄的功劳最大。"后世常常称"房谋杜断"，说的是太宗身边的房玄龄多谋，杜如晦善断，两人同心效力，辅佐太宗开创了文化繁荣、政治清明的治世局面。

而名相杜如晦的次子杜荷，是长孙皇后所出城阳公主的驸马。生母地位无法与长孙皇后并提的高阳公主，若无太宗格外的宠爱，是不会得到房家的姻缘的。而在高阳公主眼中，名相之后房遗爱，实则是豪放粗野的一介武夫，是她所不喜欢的人。

天家亲情像一道华丽的枷锁，满眼浮华，却让人不得自由。虽然史书记载，因为高阳公主受到太宗宠爱，所以房遗爱"特承恩遇"，与其他公主的驸马所受礼遇完全不同。但这并不足以取悦高阳公主。

生长在深宫之中的女子，对权力富贵有一种天然的敏感。同为庶出公主，襄城公主、东阳公主也嫁与凌烟阁功臣之子，却嫁与长子，驸马能承袭国公爵位。而高阳公主的驸马却并非房家长子。

也许为了证明父皇的宠爱名副其实，高阳公主恃宠而骄，令房家长子房遗直将理应承袭的官爵，让给房遗爱。而太宗不允许，他严厉地责备了高阳公主。高阳公主也从此有些失宠于太宗。

面对生活的不如意，有人妥协，有人迷茫，也有人选择肆意活出自我，大胆遵循内心的渴望。骄纵任性的高阳公主如梦初醒，与其让别人来宠爱自己，不如自己宠爱自己。

02
千古生死痴情

或许王权高位曾让高阳公主失去选择的自由，或许世俗人言曾将她困于无爱婚姻。但当高阳公主有了心中所爱，她可以无视飞短流长，不顾声名高位，以无与伦比的炽烈与大胆，突破一切束缚，只为心中向往。

那天，高阳公主在封地郊外狩猎，遇见了让她一见倾心之人。《新唐书》中写下，高阳公主对那人是"见而悦之"。千金难买我喜欢，让高阳公主一眼万年之人，是一位和尚，名叫辩机。辩机曾帮助著名高僧玄奘翻译经文，撰写由玄奘口述的《大唐西域记》。

才华横溢、温柔儒雅的辩机，符合高阳公主对爱情的一切想象。而高阳公主的热情美丽也吸引着辩机。

这场惊世骇俗的红尘相恋，让诗人为他们写下："巫山云雨入禅房，藩篱情深卧鸳鸯。"驸马房遗爱是知情者，高阳公主赠予房遗爱两名女子和诸多钱财，让他保守秘密。足见高阳公主和房遗爱之间并无真情，只有名存实亡的政治婚姻。

可即便驸马愿睁一只眼闭一只眼，公主与平民，有夫之妇与佛门高僧，怎么看，这段感情都难以有好结局。聪慧如高阳公主，才高如辩机，又如何不知？可缘分在劫难逃，心动覆水难收，他们甘愿以飞蛾扑火式的虔诚，在一段注定万劫不复的爱情之中沉沦。

如果不曾拥有，宁愿抱憾终身，也不会将就。幸而曾经拥有，哪怕片刻欢愉，也能抵天长地久。情到深处，高阳公主赠予辩机贴身的金宝神枕，只愿睹物思人，聊寄情思。然而也是这宝枕，引来了祸端。

监察朝廷百官的御史，发现了辩机私藏高阳公主的宝枕作为定情信物。唐太宗大怒，下旨腰斩辩机，并杀了公主身边十几个奴婢。高阳公主的爱情，以残酷而悲哀的方式戛然而止，徒留刑场的血色与心中的回忆。

明知烟火绚烂之后只有死灰一片，明知昙花一现之后只有残败凋零，选择当下的肆意胜过自己的前途，就只能为此付出沉痛的代价。

03
权力富贵谋尽

　　辩机被太宗所杀，这或许是高阳公主所料想过的结局，但痛苦沉重得让她无法喘息。高阳公主无法原谅太宗。太宗驾崩之时，她没有露出半点哀容，没有流下一滴眼泪。

　　高阳公主的弟弟唐高宗李治登基。为了安抚高阳公主，高宗曾经亲自到过高阳公主的府邸。然而天性骄纵的高阳公主，无法放下仇恨。在情场痛失所爱，让高阳公主感受到了权力的重要。如果当初她足够强大，是否就能保住自己心爱之人。

　　抱着殊死一搏的决心，永徽年间，高阳公主欲夺房遗直承袭的爵位，诬告他对自己无礼；又让掖庭令陈玄运替她窥探皇宫祸福，用占星术预测朝廷命运；甚至与人结党，预谋夺权篡位。她还是那骄傲放纵的大唐公主，天生就有搅动政坛风云的本领。

　　但胜利的天平只会倾向于名正言顺、更有实力者。从房遗直反击高阳公主的诬告开始，唐高宗让长孙无忌调查此事，从而牵扯出高阳公主与房遗爱等几位皇亲贵胄谋反之罪。驸马房遗爱被诛杀，高阳公主被赐自尽，他们的孩子被流放岭南。

　　或许辩机之死，早已带走了高阳公主生的意愿，她才会为了更高的权力，以如此决然的方式再次飞蛾扑火，留下可悲的结局。可怜生在帝王家，没有选择婚姻的自由，难以逃脱权势之争，是高阳公主一生悲剧的源头。

她在权力富贵的泥沼中深陷过，也在无果的痴恋中纵情享受过。她的一生，爱过、争过，也恨过、败过，因为她太无视世俗礼法，任性妄为，最终令她无路可走，结局凄凉，可悲可叹。

太平公主：最有权势的公主

　　二十余年，天下独有太平一公主，父为帝，母为后，夫为亲王，子为郡王，贵盛无比。……公主日益豪横，进达朝士，多至大官，词人后进造其门者，或有贫窭，则遗之金帛，士亦翕然称之。……先天二年七月，玄宗在武德殿，事渐危逼，乃勒兵诛其党窦怀贞、萧至忠、岑羲等。公主遽入山寺，数日方出，赐死于家。

　　　　　　　　　　　　　　　　——《旧唐书·武承嗣传附》

　　古代的公主有很多，但若论背景强大，大概没有哪一个能和太平公主比肩：父亲是皇帝，母亲是皇帝，哥哥也是皇帝。父亲宠她，母亲爱她，哥哥们对她也十分亲厚。可她没有在尊贵和荣耀中走完一生，反而被赐死家中，草草地结束了自己的生命。

01

宫内清修

说起来，太平公主并不是父母唯一的女儿，她还有一个姐姐。同为公主，姐姐却没有太平公主这样幸运。姐姐刚出生时，母亲还是小小的昭仪，受到王皇后和萧淑妃的联合夹击，生死一线。

姐姐在王皇后的一次探望后突然死亡。母亲借机指控王皇后杀死自己的女儿，扳倒了王皇后，这才解除了危机。相比之下，太平公主出生在最好的时候。母亲已扫清后宫的所有障碍，顺利登上皇后的宝座，甚至还能帮助父皇处理朝政。不论是前朝还是后宫，母亲武后都有着不小的影响力。

如果说第一个女儿的去世是武后的遗憾，那这个小女儿的出生就是给了武后弥补遗憾的机会。即使有三个儿子，武后还是给予了小女儿独一无二的恩宠。

太平公主小的时候，外祖母去世，武后让女儿出家当道士以尽孝心，而"太平"正是她的道号。小小年纪的太平公主，一时成了"孝女"的典范。虽然说是出家，但武后只是走走过场，没有真的让太平公主离开自己身边。

但让人没想到的是，吐蕃提出和亲，想求娶太平公主。武后舍不得女儿远嫁，在宫里修建了一处道观，太平公主正式在此清修。然后，大唐顺理成章地以太平公主已出家为由，拒绝了吐蕃的和亲。

可以说，在父母这把大伞的保护下，太平公主的生活风平浪静，不必面对生活的疾苦和阴暗。太平公主在道观一待就是好几年。

不知不觉间，她已经长成了亭亭玉立的大姑娘了，而父母忙于政务，从未提她的婚嫁之事。太平公主活泼聪慧，是个有主意的主儿。一次家宴中，她特地身着紫袍玉带，打扮成男子，引得父母大笑："你又不是武官，怎么穿成这样？"太平公主说："那把它赐给驸马可好？"经太平这么一提醒，唐高宗和武后这才想起，小女儿已经到了谈婚论嫁的年龄了。而她的主动，也确实为自己争取到了一段良缘。

02
投身政治

唐高宗和武后在小女儿的婚事上，可谓千挑万选、煞费苦心。首先，驸马必须出身于世家大族，这样方配得上一国公主。虽贵为公主，可嫁过去就是媳妇，所以公婆这块也不得不考虑。最后，驸马本人也得人品端正，最好有才有貌。

一番甄选后，驸马最终被定为出身河东大族的薛绍。薛绍的母亲是唐高宗的同胞姐姐城阳公主，选薛绍也就是拉拢李氏宗族，符合政治利益。而薛绍的父母已经去世，太平公主嫁过去，不用处理复杂的关系。薛绍本人一表人才、英俊不凡。武后还不满意，认为薛绍的嫂嫂身份不够高贵，不配和太平成为妯娌，甚至想逼薛绍哥哥休妻。直到有大臣说薛绍嫂嫂也出身大族，不算委屈太平，这门亲事才得以成功。

人选敲定了，接着就是紧锣密鼓地筹备。太平公主和薛绍的婚礼，堪称大唐史上最豪华的婚礼。《新唐书》记载："假万年县为婚馆，门隘不能容翟车，有司毁垣以入，自兴安门设燎相属，道樾为枯。"照明的火把甚至烤焦了沿途的树木，为了让宽大的婚车通过，甚至不得不拆除了县馆的围墙。

婚后，太平公主生儿育女，享受着为人妻、为人母的幸福。她这里岁月静好，前朝却动荡不安。父亲唐高宗逝世，母后被尊为皇太后，哥哥成为新任帝王。但强势的武后不满意，对儿子又是罢黜，又是软禁，自己则独揽大权。

朝堂的战火终于烧到了太平公主这里。薛绍的哥哥谋反被捕，薛绍一同被抓，太平公主连忙来到皇宫，苦苦哀求母亲。可母亲没有给太平公主面子，把薛绍按谋反罪论处。可怜的薛绍，在被打一百大棒后，被丢进监狱里活活饿死。

薛绍一死，武后就忙着给太平公主张罗第二任驸马了。当时，武后眼中最满意的人选是最有政治前途的侄子武承嗣。太平公主开始答应了，但就在婚礼即将举行的时候，突然变卦。太平公主以武承嗣有病为由拒绝了这个身处政治旋涡的人，转而提出嫁给武攸暨。武攸暨，为人忠厚老实，远离政治，她至少不讨厌他。

武后没有反对，毕竟只要是嫁给武氏子弟，实现自己扶植武氏的政治目的就可以。但问题是，当时的武攸暨已有妻室。武则天没有犹豫，派人赐死了武攸暨的妻子。就这样，武攸暨成了太平公主的第二任驸马。

不久之后，武后登基为帝，改唐为周。第一段婚姻的悲剧和第二段婚姻的无奈，对太平公主的影响是巨大的。母亲罢黜哥哥李显，软禁哥哥李旦，处死丈夫薛绍……这些事情无不表明一个残酷的事实：对母亲而言，政治面前没有亲情。

她固然是疼爱自己的母亲，更是成熟冷酷的帝王。自此，太平公主的心态发生了本质的变化，既然无法逃脱政治，她决定主动参与到政治中去。

03

权倾朝野

步入第二段婚姻后，太平公主的人生重心从感情滑向了权力。她积极投身到武则天的麾下，参与到武则天的决策中。她帮武则天杀死冯小宝，扳倒来俊臣，渐渐成为武则天的心腹。

政治上，她暗中拉拢朝中权贵，悄悄培植自己的势力。私生活上，她看淡了感情，开始过着骄奢淫逸的生活。太平公主在政治方面越来越成熟，但慑于母亲的威势，她小心翼翼，不敢露出半点锋芒。

时间不饶人，随着武则天进入暮年，老病缠身，李家和武家的斗争越来越白热化。武则天坐看李武两家斗，却迟迟不下明诏。甚至到了武则天八十多岁时，她卧病在床，对亲生儿子也并不待见，反而十分信任张昌宗、张易之两兄弟。太平公主三兄妹见形势不妙，与几位大臣一合计，决定先下手为强。他们带兵冲进皇宫，杀死二张兄弟，逼迫武则天退位，拥立李显复位。

唐中宗李显登基后，封太平公主为"镇国太平长公主"，实封提升到了五千户，远超唐朝规定的六百户。唐中宗还特地派兵昼夜保护公主府，可谓是爱护有加。这时候的太平公主，风光无限，尊贵无比。

可好景不长，唐中宗十分宠爱皇后韦氏和女儿安乐公主，但韦皇后和安乐公主一心要效仿武则天做女皇，在野心得不到满足时，竟然合伙杀死了唐中宗。韦氏立了个小皇帝，自己临朝摄政。太平公主素来与韦氏不合，自然不能坐以待毙。她联合侄子李隆基发动政变，杀死韦皇后和安乐公主，再一次将政权拉回到李家人手中。

但小皇帝的存废，也成为一个棘手的问题。毕竟，他是名正言顺的皇帝。最后，还是太平公主出面说："天下事归相王，此非儿所坐。"然后将小皇帝从"皇位"上抱下来，扶相王李旦坐上帝位。

李旦登基，史称唐睿宗。太平公主的地位更是水涨船高，实封再次提升，到了一万户，一家人都有了实封。她的政治权力也得到空前强化，不管大小事务，唐睿宗每次都会问："与太平议否？"

唐睿宗为了制衡太子，对太平公主更是宽容。《资治通鉴》记载："宰相七人，五出其门。"太平公主，成为大唐有史以来最有权势的公主。

04
落寞而死

朝局恢复了稳定，太平公主若是心满意足，适时退出，自然有享不尽的荣华富贵。可她不知足，想扳倒太子李隆基，独揽大权。她交朋结党，卖官敛财，儿子薛崇简屡次谏阻她，反而遭到她的责骂毒打。

她屡次诬蔑李隆基，挑拨他们父子关系，可唐睿宗厌倦了朝堂，决定退位，将皇位传给李隆基。太平公主见状，决定铤而走险，往李隆基的天麻粉中投毒。李隆基也不甘示弱，化被动为主动，清除诛杀她的诸多党羽。

太平公主眼见大势已去，逃到南山，几天之后才出来。但等待她的，是一道赐死诏书。曾经权倾朝野、不可一世的太平公主，最后落寞地死在家中。

　　《史记》说："欲而不知止，失其所以欲；有而不知足，失其所以有。"如果欲望没有限度，最后什么欲望也不能实现；如果拥有却不知足，最后会连原有的一切也失去。懂得适可而止，学会知足常乐，才是长久的立身之道。

福康公主：心病难医，郁郁而终

> 周、陈国大长公主，帝长女也。宝元二年，封福康。嘉祐二年，进封兖国。主幼警慧，性纯孝。帝尝不豫，主侍左右，徒跣吁天，乞以身代。帝隆爱之。帝念章懿太后不及享天下养，故择其兄子李玮使尚主。玮朴陋，与主积不相能。主中夜扣皇城门入诉，玮皇惧自劾。谏官王陶论宫门夜开，乞绳治护卫，御史又共论主第内臣多不谨，帝为黜都监梁怀一辈十余人。后数年不复协，诏出玮于外，主降封沂，屏居内廷。
>
> ——《宋史·仁宗十三女传》

自古皇家多无情，人如落叶自飘零。深宫内院，王孙贵戚，看似有享不尽的荣华、数不尽的富贵，可实际上，他们一出生，命运便早已注定。

那些皇子们，不是被权力欲望所束缚，便是被利益纠葛所裹挟。最后，成王败寇，善终者无几，凄惨者繁多。而那些皇家之女，或成为与世家联姻的对象，或成为政治的牺牲品，最终能获得幸福者寥寥无几。

就像《清平乐》中的福康公主赵徽柔那样，虽身份高贵，是父母的掌上明珠，但仍没有逃过命运的魔咒。她本可以凭着父母的疼爱，谋得一段琴瑟和鸣的爱情。却因为父亲宋仁宗的乱点鸳鸯，丢了快乐，失了幸福，到最后，更落得凄惨的下场。

为偿一己心思，惹得两厢心殇。一切的错误，皆因宋仁宗的执念而起，又因福康公主的执念而落。

01

掌中珍宝至，宠溺入心间

福康公主，不仅仅是宋朝公主，更是宋仁宗十六年间唯一的孩子。宋仁宗子女稀少，最终长大成人的不过四个女儿。而身为长女的福康公主，自然便集万千宠爱于一身。

看着女儿健康长大，宋仁宗欣喜异常。他暗暗发誓，一定要护得女儿安康。福康公主四岁时，辽兵犯境，提议和亲，希望宋朝将福康公主许给梁王耶律洪基，以结得秦晋之好。

自古以来，和亲一直是中原与外族番邦重要的外交方式。若宋辽和亲，有利于两国和平往来。可宋仁宗毫不犹豫地拒绝了，他不忍自己最疼爱的女儿远嫁异域，孤苦无依。他让富弼出使辽国，不惜以增岁币二十万的代价，换来女儿留在身边。

福康公主也从来没有让父母失望过，从小便机敏聪慧，对亲人极尽孝道。福康公主八岁那年，宋仁宗突然患病，卧床不起。她不顾身体幼弱，一直服侍在父亲身边，尽心竭力。为了让宋仁宗快点康复，她不惜赤足散发，向上天祈祷，愿意用自己的身体换取父亲的康复。

宋仁宗得知女儿的孝心后，感动异常，对她的爱更是无以复加。与此同时，作为皇宫内唯一的孩子，福康公主更是得到了所有后宫之人的宠爱和纵容。

然而，惯子如杀子，一味宠溺，只会将孩子推往深渊。在无限溺爱的氛围之下，福康公主自然养成了骄横傲慢、任意而为的行事习惯。也许，在帝王眼中，任性并不是什么大事。可正是这份任性，却为福康公主的人生悲剧埋下了隐患。

宋朝的婚嫁年龄是男十五岁、女十三岁。可福康公主直到十九周岁才得以出嫁，这不仅是因为宋仁宗心中不舍，还有他对驸马选择的慎重。宋仁宗知道，他不能陪女儿走完这一生，所以他要为女儿谋一良人，让女儿继续快乐下去。

嘉祐二年（1057年），宋仁宗为十九岁的福康公主举行了隆重的册封礼，晋封她为兖国公主，然后又花费数十万缗钱为她建造府邸，待遇如同皇子。

宋仁宗的这一切谋划，俱是为福康公主未来的大婚做准备。他为了让福康公主一生无忧，可以说是煞费苦心，生怕自己做得不够多，不够好。但他从未意识到，这场婚姻，从一开始就是个错误。

02

一念执着起，半生恨不熄

其实，宋仁宗并没有询问过女儿的意愿。他乾纲独断惯了，相信自己的眼光，也相信自己的选择。他筛选了多人，最后为女儿挑选的夫君，便是自己亲娘舅的次子李玮。

宋仁宗选中他，一是因为他谈吐沉稳，老实可靠，必不会辜负女儿；二是宋仁宗自始至终都对李家怀有愧疚之情，他希望可以亲上加亲，借此提高李家的地位。

想当年，李宸妃生下宋仁宗不久，他便被皇后刘氏抱走抚养，仁宗从不知道自己的真实身世。直到刘后去世，仁宗才在知情人的奏报下，得知自己的生母原来是宫中的李宸妃。

李宸妃早已亡故，宋仁宗为弥补自己未尽的孝道，于是给予娘舅家李氏各种荣宠，甚至将自己最疼爱的女儿嫁与他家，以保李氏富贵。

然而，这段在宋仁宗眼中的完美婚姻，却只是他的一厢情愿。一个是从小娇生惯养的天之骄女，一个是乍富的小门小户，两个人的行为谈吐、待人处世注定不同。

钱锺书在《围城》中说过："结婚无须太伟大的爱情，彼此不讨厌就够结婚资本了。"可"不讨厌"这三个字，对福康公主来说，也着实太难了。

福康公主对李玮的印象本就不好，认为他不但相貌鄙陋、性格沉闷，身边还多是佞幸无赖之人，并不是自己的良配。哪怕成亲后，李玮对她讨好亲近，低声下气，她也是冷眼相待，冷漠不语，最后更是连同房也会避开。

可福康公主终究性格活泼，身处公主府，总觉得日子分外寂寞。而相比于相貌朴质的李玮，从小熟知皇宫规矩、俊美干练的内侍梁怀吉更懂公主的心意。

梁怀吉虽只是卑微的小黄门，但对于福康公主来说，他更像是对自己不离不弃的伙伴。在以后的日子里，梁怀吉成了她生活中唯一的慰藉。有了他的陪伴，福康公主觉得日子也并没有多么难熬了。

公主对梁怀吉和李玮的不同态度，自然引起李家人的不满与怨恨。正是这份怨恨，也让公主和李玮本就不牢固的婚姻，变得岌岌可危、摇摇欲坠。

03
夫妻恩义绝，终生两不认

嘉祐五年（1060年）二月，福康公主照旧与梁怀吉等人在月下小酌，发泄着自己对现状的不满，回忆着过去的自由。而这一幕，恰被李玮母亲杨氏在外窥见。杨氏长期的不满与怨恨在这一刻彻底爆发，遂以粗鄙难听之话斥责公主。

　　公主虽以孝道为先，但从小骄纵，哪里听过如此粗鄙之语，顿时火冒三丈，命近臣打了杨氏。可这些粗鄙之话却印在了她的心上，她愤怒了。她连夜跑到皇宫去质问父亲，为什么要把自己嫁到如此人家之中。

　　可按宋朝制度，除非军国大事，夜间不可随意开启宫门。但福康公主夜叩宫门，一下下叩在宋仁宗的心上。宋仁宗终究是爱女心切，打开了宫门，将公主让进殿内。作为父亲，让受屈的女儿回家，这本无可厚非；可作为君王，夜开宫门，却引发朝堂动荡。

　　第二天早朝，群臣纷纷上奏抗议，说公主任性妄为，此举有违法度，需要严惩。可宋仁宗毕竟心疼女儿，他不愿女儿因此受罚，可又要安抚群臣情绪。于是，下诏褫夺了公主的封号，将她身边随侍的侍从全部遣散，梁怀吉更是被发配到西京洛阳打扫宫苑。

　　身边的内臣随侍都被赶走后，福康公主觉得自己的天塌了。一直以来备受宠爱的她，第一次感受到了父亲的严厉惩罚。世界上，最让人痛心的，永远是亲人的伤害，那份委屈，必将刻骨铭心。

　　从那之后，福康公主心病时常发作，或上吊，或投井，或纵火烧皇宫，状如疯魔，形似癫狂。宋仁宗不忍公主如此模样，便不顾大臣反对，又将梁怀吉等人召回。可百病易消，心病难医。纵使梁怀吉等人回来了，福康公主崩塌的世界，又怎能轻易修复。

嘉祐七年（1062年），李玮的兄长上书代弟请求和离，称："玮愚不足以承天恩，乞赐离绝。"这时，宋仁宗才意识到，自己一手策划的这场婚姻是如此失败，他终于同意了李玮和离的请求。

可几个月后，宋仁宗感觉自己时日无多，愈发觉得对不起李家，于是又让二人复合。次年，仁宗去世，英宗将仁宗所有子女都赶出了皇宫，孤苦无依的福康公主，只能与李玮一起住在公主府中。兜兜转转多年，福康公主又回到了她一心想逃离的地方。可这一次，没有梁怀吉，没有自己喜欢、信任的人。只有冰冷的屋子和自己黯然的躯壳。

04
心病终难医，魂去百事清

人生常被分为上半场和下半场。若福康公主上半场是艳阳高照、无忧无虑；那她下半场人生便是淫雨霏霏、冰冷无依。在人生的最后三年，她似乎已经完全与命运妥协，每日过得浑浑噩噩，活得恍恍惚惚。

熙宁三年（1070年），福康公主郁郁而终，年仅三十三岁。她的侄子宋神宗前去公主府洒酒祭奠，才发现姑姑最后几年是如此屈辱。她被驸马李玮虐待，不但被子、衣服上爬满了虱子，寒冬腊月还要自己烧火以致脸被炭火烫伤，甚至连平时的食物、看病，李玮都多加阻拦。

神宗痛哭不已，大骂李玮忘恩负义。他万万没有想到，曾经受万千宠爱的大宋公主，死时却如此惨不忍睹。

福康公主的一生，让人唏嘘。身为天之骄女，却在抑郁中匆匆坠落，而历史留下的大多是她肆意妄为、不尊礼法的恶名。可说到底，她的命运亦如草芥一般，根本没有自己做主的机会。所有的恶果，因自己的执念而来，也因宋仁宗的私心而致。

宋仁宗执着于对母族的补偿，而福康公主却纠结于对婚姻的不满。可世上哪有十全十美之事？生命，本就是一个苦乐相间的过程，太过执着，伤害的最终还是自己。

付出，不因此后悔；失去，不必遗憾。如果福康公主能早些明白这个道理，故事的结局，也就不会是一场悲剧。唯有放下，方得平静；唯有看开，方得安宁。

长平公主：花季之年遭断臂

长平公主，年十六，帝选周显尚主。将婚，以寇警暂停。城陷，帝入寿宁宫，主牵帝衣哭。帝曰："汝何故生我家！"以剑挥斫之，断左臂；又斫昭仁公主于昭仁殿。越五日，长平主复苏。大清顺治二年上书言："九死臣妾，蹶踣高天，愿髡缁空王，稍申罔极。"诏不许，命显复尚故主，土田邸第金钱车马锡予有加。主涕泣。逾年病卒。赐葬广宁门外。

——《明史·庄烈帝六女传》

在金庸的《鹿鼎记》中，有这样一幕场景：韦小宝因救康熙而被白衣尼抓走，随后他们来到了北京煤山的歪脖树下。只见那白衣尼伸手扶树，手臂不住颤动，泪水扑簌簌地滚下来，忽然放声大哭，伏倒在地。

她哭得哀切异常，一口气几乎转不过来。突然全身颤抖，晕了过去。白衣尼的异常举动让韦小宝目瞪口呆，他想不明白，为什么这尼姑会如此伤心。后来他才得知，这白衣尼正是崇祯皇帝的女儿——长平公主。

01

乌飞白头窜帝子，独臂百变动江湖

长平公主本名朱媺娖，是崇祯皇帝次女，也是诸位公主中唯一长大成人的一个。由于民间流传着许多关于她的传说，以至于她有了很多响亮的名字：阿九、九难、独臂神尼……这样一来，她的真名反倒少有人知了。

也许，长平公主从出生在帝王家的那一刻开始，就注定与众不同。在江湖传说中，长平公主是武功超凡的独臂神尼。她怀着国破家亡的深仇大恨，出家为尼，苦练武功，誓要报仇雪恨、反清复明。

后来，她不仅武艺大成，还收了八个鼎鼎有名的徒弟，被称为"清初八大侠"。其中有两人更是有名，一个是有着"江南大侠"之称的甘凤池，另一个则是据说手刃了雍正皇帝的吕四娘。

在野史中，吕四娘深得独臂神尼真传，后来更甘冒奇险潜入深宫，成功刺杀了雍正皇帝，为师父和自己的家人报了大仇。正因为长平公主的人生极具传奇色彩，所以她成了文学、文艺作品中的"宠儿"。尤其是在武侠小说中，我们经常可以见到长平公主的身影。

在金庸的《碧血剑》中，长平公主化身阿九，行走江湖。金庸赋予她有如明珠美玉一般的人品样貌，还为她安排了一段"郎情妾意，流水落花"的绝世爱恋。"青青子衿，悠悠我心。纵我不往，子宁不嗣音？"在《碧血剑》中，阿九曾多次念出这样的诗句，以此来表达自己对袁承志的爱慕。

此时的阿九对袁承志一眼万年，她曾对袁承志深情款款地说："我宁愿随你在江湖上四海为家，也远胜在宫里享福。"只可惜，袁承志早已有了一个温青青，在责任与爱情二选一的前提下，袁承志选择了前者。相濡以沫，不如相忘于江湖，这便是袁承志给阿九的回答。

在经历了早年的感情不遂与家破人亡后，阿九摇身一变，成了《鹿鼎记》中为国仇家恨所累的九难师太。岁月如剑，消磨了如花容颜，却削不平心中的伤痕。

清廷，吴三桂，李自成，都是她念念不忘的仇人。她武艺超群，半生都为了复仇而奔波，直到后来，她才恍然大悟：往事已矣，又何必执着。于是，她放走了李自成与吴三桂，自己也化作一缕青烟，随风而去。

武侠小说中的长平公主，虽失去了很多，但也得到了很多。比如惊世骇俗的绝世武功，美丽无俦的绝色容颜以及天下闻名的弟子传人……然而，这些不过是小说家之言而已，历史上真实的长平公主可要比这凄惨得多。

02

朱颜罹宝剑，黑甲入名都

在经典粤剧《帝女花》中，长平公主在明朝灭亡后，出家为尼，后来又被清廷找到，要她与崇祯皇帝选定的驸马周显完婚。为了让父母平安下葬，为了让兄弟得脱囹圄，长平公主只好答应这个要求。但就在洞房花烛之夜，长平公主和驸马周显却双双饮下毒酒，自尽而亡。

其实，比起《帝女花》中的长平公主，历史上的她则更加悲惨。在她烟花般短暂的生命中，却满含着无穷无尽的苦难。

公元1629年，一声清脆的婴啼从大明皇宫深处传出，打破了皇宫的幽静。崇祯皇帝自此又多了一位小公主——长平公主。长平公主封号"长平"，大概寄寓了崇祯皇帝对天下长久太平的愿望。但是他的愿望在大势之前，终归只是一种奢望。

在长平公主十五岁的时候，崇祯皇帝就为她选定了驸马。然而当时李自成的农民起义军已经逼近北京，长平公主的婚事也因此被迫搁下。长平公主没有等来自己的驸马，却等来了李自成。

李自成率大军很快攻破了北京，崇祯皇帝万念俱灰，决定自尽以谢天下。他深知亡国之君的下场，自己死则死矣，可家人们却断断不能受到侮辱。于是，崇祯皇帝将三个儿子叫到面前，为他们换上平民服饰，让太监将他们送出皇宫，自行逃生。至于能否逃脱，便只能随天意了。

儿子们被送走了，接下来就该处理女眷了。崇祯皇帝对待女眷可就十分绝情了，他勒令自己的皇后、嫔妃和公主统统自尽。此时的长平公主得知李自成已经打进皇宫，十分害怕，于是便来到父皇的身边，期盼得到保护。

谁知此时，崇祯皇帝突然叹了一口气说："汝何故生我家！"这是一个皇帝无奈的叹息，也是长平公主一生不幸的开始。为使长平公主免遭侮辱，崇祯皇帝忍痛拔出宝剑，一剑向自己的女儿斩去。幸运的是，崇祯皇帝挥剑时，突然手一哆嗦，这一哆嗦，便留了长平公主的命。长平公主倒在血泊中，虽然断了一条手臂，但命却保了下来。

看见女儿倒在血泊之中一动也不动，崇祯皇帝不由得叹了口气，提剑转身离开，朝着煤山的方向走去……

03

寄人篱下日，珠沉玉碎时

五日之后，从昏迷中苏醒的长平公主同北京城一起落入了李自成手中。李自成自起兵以来，每过一地，便率先屠戮明室皇族，可这次却破天荒地装起了仁者。

为了收买人心，李自成下令善待长平公主，并给予她一定的粮食资助。不过李自成连龙椅都还没焐热，就被吴三桂和清军给打跑了。仓皇之际，李自成没来得及带走长平公主，就这样，长平公主又落入了清军手中。

清兵入主中原后，第一件事自然是安抚百姓，收买民心。为此，摄政王多尔衮下令：为崇祯皇帝哭灵三日，上谥号怀宗，将其棺椁与皇后棺椁起出，重新以皇帝之礼下葬。对于已经残疾的长平公主，清廷也一直以公主的规格奉养着，给予厚待，让其依旧生活在宫中。

见父母终于入土为安，国破家亡的长平公主终于得到了一丝安慰。不过，紫禁城已物是人非，昔日的主人倒成了"客人"。在寄人篱下的尴尬环境中，长平公主心焦如焚，度日如年。但她对于未来还抱有一丝希望，她希望割据在南方的弘光政权能够驱除清廷，恢复大明。

然而，这份虚幻缥缈的梦想没多久便破灭了。公元1645年，清军兵临江南，陷南京，弘光朝宣告覆灭。长平公主不愿再继续面对这残酷的现实，于是她上书顺治皇帝："九死臣妾，跼蹐高天，愿髡缁空王，稍申罔极。"长平公主希望顺治皇帝可以恩准自己离宫出家为尼，断绝这尘世间的哀伤悲痛。

想摆脱清廷控制，自由自在地置身事外，这又谈何容易呢？顺治皇帝得知长平公主曾与周显有婚约，如今周显业已归顺大清，于是便下诏："诏求元匹，命吾周君，故剑是合。"就这样，顺治一纸诏令，将长平公主嫁给了周显。

为了表达重视，顺治还给予了长平公主一份厚厚的嫁妆：

"土田邸第，金钱牛车，赐予有加，称备物焉。"长平公主最终还是嫁给了父皇为她选定的驸马，这也许是冥冥之中的天意，也是徒叹奈何的无奈。

聊以自慰的是，婚后的长平公主与周显相敬如宾，生活虽然不如皇宫里的锦衣玉食，但总算有了一个安稳的归宿。

如果长平公主能够从此平平淡淡，像普通人一样生活下去，又何尝不是一种幸运呢？但前朝公主的身份是套在她身上的无形枷锁，无论如何都摆脱不了。在长平公主婚后的第二年，她便香消玉殒了。这一年，她十七岁。

在《鹿鼎记》中，长平公主的法号叫作"九难"。这简简单单两个字，却准确地概括了她的一生。生于帝王之家，这注定她不能像平常的女子一样，拥有安稳平淡的人生。花季之年恰逢亡国之难，公主的身份不仅没有带给她幸福，反而带给了她无尽的苦难。

长平公主身上虽没有什么耀眼的特质，但她多灾多难的一生却让后人无限唏嘘。自古红颜多薄命，奈何生在帝王家？这感叹与唏嘘，或许是对长平公主不幸人生的一种叹惋吧。

第五章

咏絮红颜

庄姜：巧笑倩兮，美目盼兮

燕燕于飞，差池其羽。之子于归，远送于野。瞻望弗及，泣涕如雨。

燕燕于飞，颉之颃之。之子于归，远于将之。瞻望弗及，伫立以泣。

燕燕于飞，下上其音。之子于归，远送于南。瞻望弗及，实劳我心。

仲氏任只，其心塞渊。终温且惠，淑慎其身。先君之思，以勖寡人。

——《诗经·邶风·燕燕》

庄姜，一个从《诗经》里走出来的女子，令人爱怜，又让人叹息。她贵为齐国公主，集美貌才华于一身，是众人心目中的女神。但就是这样完美的女子，却要忍受着半生孤独。寒冷深宫，无人相伴，怎一个"愁"字了得！

01

总有一种美丽，可以惊艳时光

你若问，何为美人？美人的标准是什么？其实，《诗经》早就给出了答案。

《诗经》里有一首诗叫作《硕人》，诗中这样描述美人："手如柔荑，肤如凝脂，领如蝤蛴，齿如瓠犀，螓首蛾眉，巧笑倩兮，美目盼兮。"方玉润在《诗经原始》中说道："千古颂美人者，无出'巧笑倩兮，美目盼兮'二语。"

实际上，这首《硕人》诗便是卫国人为歌颂庄姜所作。庄姜在举手投足间就为"美女"二字下了一个极具画面感的定义。此后描述美女，几乎都超脱不出这首诗定下的标准，无论是曹植《洛神赋》中的洛神，还是白居易《长恨歌》中的杨玉环，都多多少少带有庄姜的影子。

庄姜出身高贵，是春秋时齐国的公主。因为"姜"是齐国公族的姓，而她又嫁给了卫国国君卫庄公，所以人称"庄姜"。

春秋时代，诸侯国的联姻大部分都是建立在利益的基础之上。当时很多诸侯国国君，都热衷于迎娶齐国的公主作为自己的妻子，就算是周王室也以与齐国联姻为荣。这除了因为齐国的公主基因好、漂亮，还和齐国的国力有关。

作为姜太公的封国，齐国自始至终都以强盛的姿态，屹立在东方。到了春秋初期，由于齐桓公的崛起，齐国更是成为举世公认的老大哥。所以，齐国女子自然而然成了各国诸侯争相求娶的首选。

《诗经·陈风·衡门》就有"岂其取妻，必齐之姜"一说。意思是说，如果你要娶妻，那齐国姜氏女子才是首选啊。弱小的卫国处于齐国和晋国两个超级大国之间，同时它身边还有郑、鲁等强国环伺。如此艰难的情况下，要想在乱世中生存，就得找个靠山，不然说不定哪天就被人给兼并了。

当时卫国的国君卫庄公，便将视线瞄向了国力正盛的齐国，于是便派人前去求婚。齐庄公为了控制卫国，进一步扩大自己的影响力，就决定从自己的女儿中选出一人，嫁给卫庄公做妻子。作为"齐侯之子，东宫之妹"的庄姜，自然也就成了第一人选。

02
总有一份才情，可以流芳百世

闺阁中的公主，足不出户，是极少被人看到的。也只有在出嫁这天，子民们才能有幸看一眼公主的容貌。也就是在这一天，庄姜的美貌开始声名远扬。

这天，一场盛大的婚礼在卫国举行。早在庄姜到达前，卫国民众听说国君将娶一位绝色美人，都纷纷来到路边看热闹，一时之间，万人空巷。后来，在万众瞩目下，排场浩大的送亲队伍缓缓地从城门进入卫国国都，在轻纱薄幔之间，人们见到了那位传说中的公主。

围观的臣民看到庄姜的美貌，纷纷发出了由衷的赞叹，他们的称赞之词也因此流传下来，并被记在了书中，也就有了后来我们看到的这首《诗经·卫风·硕人》。

地位、美貌、豪华的婚礼，这是无数女孩子的梦想。刚到卫国的庄姜还没下车，就让卫国上下都成了自己的粉丝。臣民都在歌颂、祝愿庄姜，希望这个美丽的姑娘能获得幸福。

但上天在赋予一个女人美貌之时，却总要夺走她的一点东西，似乎只有这样才显公平。而庄姜被夺走的，正是自己一辈子的幸福。想必庄姜自己也没有想到，她的人生悲剧正是从那场盛大的婚礼开始的。

嫁到卫国后，庄姜发现卫庄公为人荒唐，脾气暴戾。在这个丈夫的眼中，她不过是政治筹码，有时甚至是取乐的玩物。她没有得到爱情的甜蜜，得到的反而是无情的冷漠。纵然婚姻带来了不幸，但是善良坚韧的庄姜依旧没有消沉。她在孤独寂寞中，找到了充实自我、排遣寂寞的方式——将自己沉浸在诗的淡静中。

在中国历史上，能够留下名字的女子很少，能够凭借才学留下文学作品的女子则更是凤毛麟角。而庄姜却在不经意间，创造了"中国历史上第一位女诗人"的成就。从此，诗不再是男人的独享，诗中也有了女人的芬芳。

德国哲学家海德格尔曾说："人生的本质是诗意的，人是诗意地栖居在大地上的。"庄姜便用自己最诗意的方式，面对卫庄公的嘲讽和戏谑："终风且暴，顾我则笑，谑浪笑敖，中心是悼。……曀曀其阴，虺虺其雷，寤言不寐，愿言则怀。"庄姜希望卫庄公能够爱自己，但是卫庄公就像是风暴、阴云、巨雷，狂荡暴戾，喜怒无常。

有人说："悲伤时的诗人，才是属于自己的。"庄姜的婚姻让她身陷悲苦之中，而她却在悲苦之中为自己寻找到一处安身之所。她用最温柔的方式，承受着最无情的悲伤。然而，老天对她的考验，还远远没有结束。

03
总有一片深情，可以感染岁月

老天给了庄姜美貌、才学，但却让庄姜失去了生育能力。不得不说，现实又给了庄姜重重的一击。《左传》记载，庄姜"美而无子"。没有为卫庄公带来子嗣的庄姜，彻底被冷落了。

为了留有继承人，卫庄公又娶了陈国君主的两个女儿为妃，一个是大女儿厉妫，一个是小女儿戴妫。卫庄公对这对姐妹花宠爱有加，这使得她们并不把庄姜这个失宠的正妻放在眼中。看着自己的夫君与别的女子日夜笙歌，庄姜伤心不已，但是她不是善妒的女子，她不会反抗，只好将自己的悲伤寄托在诗歌之中。

后来，厉妫因为难产去世了，戴妫则为卫庄公生了两个孩子——公子完和公子晋。历史中有很多国母王后，喜欢威逼利诱、夺取妃妾之子来自己抚养，以此作为立身之本，但庄姜并没有这样做。

当时，卫庄公又宠幸了一位宫女，生了个儿子叫作州吁。戴妫失去了卫庄公的宠爱，为求生存，便将公子完送给庄姜抚养。曾经的敌对之人，竟然在此刻请求自己的帮助，庄姜没有冷嘲热讽，而是表现出了不同寻常的大度。她答应了戴妫的请求，并穷尽所能，教养公子完，并扶持他成为太子。在卫庄公去世后，公子完继位成为卫国国君，史称卫桓公。

守得云开见月明，经历诸多磨难的庄姜终于可以歇一歇了，于是她选择退居幕后。然而，命运却又给庄姜开了一个大大的玩笑。由于州吁自小深受卫庄公的喜爱，所以他变得骄纵跋扈。卫桓公发现了这个问题，于是便罢免了他的职务。心怀怨恨的州吁从此便记恨卫桓公，时刻寻思着如何报仇。

公元前719年，州吁纠结了一些卫国流民发动政变，将卫桓公杀掉了。卫桓公死后，州吁掌权，戴妫也被送回了陈国。这对庄姜打击很大，她内心苦闷地吟诵了《诗经》中的"万古送别之祖"——《燕燕》。

相处日久，庄姜与戴妫已形同姐妹，此番戴妫被送回国，恐怕余生再难得见。庄姜陪戴妫走了很久，但无奈终归要分别。看着戴妫远去的身影，庄姜也只好"泣涕如雨"了。

　　这是中国诗史上最早的送别之作，"文字之美，词气温和，义理精密如此，秦汉以后无此等语"。清代王士禛更是称赞其为"万古送别之祖"。此时庄姜已看尽人间悲凉，她没有了朋友，也没有了敌人。就像漂浮于水中的树叶，从此漂泊，不再有岸，最终郁郁而终。

　　庄姜从那场华丽的婚礼中走来，最终却走向了悲苦的终点。她本是天之骄女，但所嫁非人，尝尽人间悲凉，成为政治的牺牲品。她是美的化身，美貌、美才、美德集于一身，令世人为之倾倒。然而，所有的美都抵不过一个"悲"字。

　　也许，正是这"悲"，才能让庄姜写出如此真切的诗句；也许，正是这"悲"，才能让我们珍惜来之不易的美好生活！

班婕妤：腹有诗书气自华

　　成帝游于后庭，尝欲与婕妤同辇载，婕妤辞曰："观古图画，贤圣之君皆有名臣在侧，三代末主乃有嬖女。今欲同辇，得无近似之乎？"上善其言而止。太后闻之，喜曰："古有樊姬，今有班婕妤。"……赵飞燕谮告许皇后、班婕妤挟媚道，祝诅后宫，詈及主上。许皇后坐废。考问班婕妤，婕妤对曰："妾闻'死生有命，富贵在天'，修正尚未蒙福，为邪欲以何望？使鬼神有知，不受不臣之诉；如其无知，诉之何益？故不为也。"上善其对，怜悯之，赐黄金百斤。

　　　　　　　　　　　　　　　　——《汉书·孝成班婕妤传》

　　官门一入深似海，从此佳人入尘埃。九重天阙，皇宫内院，看似光鲜亮丽、璀璨夺目，其实不过孤城一座。其中困住了多少人的自由，又束缚了多少人的真性。正如《延禧攻略》中所说，官员要务民生，将军要打胜仗，后妃自然也要争宠。不管你原本是怎样的模样，入了后宫，你便只剩下了一个模样，那便是争宠的模样。

争宠，是后宫女子的人生目标，也是她们赖以生存的关键所在。但总有一些人与众不同，在汉成帝的后宫中便有一位"不争宠"的奇女子。她不争宠，不慕名，才貌双全，浮华半生；她攻诗书，善属文，淡泊纯正，一世无悔。

千年之后，当大才子纳兰容若读到她感人至深的辞赋时，不由得感叹道："人生若只如初见，何事秋风悲画扇。"这个女子就是班婕妤，一个以才学惊艳大汉，以团扇闻名遐迩的才女。

01

辞赋成名，内外兼修

班婕妤出身于名门望族，她是春秋时期楚国名相子文的后人，父亲班况也曾在汉武帝时抗击匈奴，立下过汗马功劳。她自幼聪明伶俐，颖悟好学，读书甚多，尤其熟读《诗经》《德象》等经典著作。

正所谓"腹有诗书气自华"，自少时起，班婕妤的身上就透露出一股庄重自持之气。用现代的话来说，班婕妤简直就是集"智慧与美丽"于一身的知性优雅女神。她不仅喜读辞赋，还将自己的所感所得寄情于辞赋之中，是中国文学史上少见的以辞赋见长的女作家之一。

　　她的作品很多，可惜流传下来的极少，其中最有名的作品当属那首《团扇歌》了。南朝钟嵘曾在《诗品》中评价班婕妤道："将百年间，有妇人焉，一人而已。"如此有才，如此完美，班婕妤的名声很快便传了出去，最后"选在君王侧"。

　　班婕妤在十六岁的时候被选入皇宫，做了一名少使，也就是一名下等女官。虽然地位不高，但却活得自在，她没有想着去争宠，只是行为端庄地过着自己的日子。当时的许皇后早已色衰爱弛，好色的汉成帝正四处寻觅美女佳人。一次偶然的机会，汉成帝发现了才貌双全的班婕妤。

　　长得不错，也有气质，而且自己无聊时，还能让她作诗解闷，嗯，这个很新鲜，很不错。就这样，入宫没多久的班婕妤便深得汉成帝宠爱。当时，在汉宫中，"婕妤"可是仅次于皇后和昭仪之后的高位。从少使到婕妤，班婕妤连升八级，可见，有实力的女人运气都不会太差。

　　与其他人的恃宠而骄不同，得到汉成帝青睐的班婕妤，依旧内敛自重、低调做人。她尊重许皇后，也尊重其他妃嫔，她以谈吐不凡的优雅气质、淡定稳重的行事作风，很快赢得后宫女子的尊重。

　　能让皇帝爱你，不算本事，能让皇帝和后宫嫔妃都敬爱你，才是真本事。很显然，班婕妤就有这样的本事。

02

不慕名利，用心良苦

对待后宫姐妹，她以诚相待，对待汉成帝，她则以礼侍奉，并时常规劝汉成帝勤政爱民。汉成帝为了能够与班婕妤形影不离，特命人制作了一辆较大的辇车，以便与她同车出游，不料遭到班婕妤的严词拒绝。

汉成帝没有节制的宠爱，换作任何一个妃子都会喜出望外。然而，班婕妤是个异数。她自幼熟读经史，对君主的得失可谓了如指掌，比起个人的情爱，她更愿看到自己的丈夫成为后世称颂的有道明君。

于是，她对汉成帝说道："看古代遗留下来的图画，但凡圣贤之君，都有名臣在侧。只有像桀纣那样的昏君，身边才总有嬖幸的妃子相伴。我如果和您同车进出，那岂不是有损圣德吗？"汉成帝听后，也深受感动，深觉班婕妤明事理，能够处处为自己着想。

王太后听说了这件事之后，非常高兴，并对左右亲近之人说："古有樊姬，今有班婕妤。"这个樊姬是春秋时期有名的贤德女子，为了劝谏楚庄王不要沉迷于打猎，便禁肉食素，以此来打动楚庄王，使其改过自新。

王太后把班婕妤与樊姬相提并论，其实包含着两个用意。一是通过嘉勉、鼓励班婕妤，为后宫嫔妃树立一个标杆；二是间接暗示汉成帝要做个有道明君，不要天天沉迷于美色。班婕妤不仅成了当时后宫的道德标杆，也为后世妃嫔做出了榜样。

东晋画家顾恺之也为班婕妤的品行所感动，便把班婕妤的端庄娴静，作为劝导嫔妃们慎言善行的模范，画入《女史箴图》中。从此，班婕妤成了古代妇德的楷模，更有人称她是我国历史上最完美的女性。

班婕妤虽然完美，但她的影响力却很有限，最起码，她身边的汉成帝便没有被她影响。尽管班婕妤努力做"汉代樊姬"，可汉成帝终究不是楚庄王。班婕妤的良苦用心，也注定要被辜负。

让她没想到的是，自己非但没有将汉成帝成功改造，反而遭遇到前所未有的危机。

03

识时通变，一片冰心

班婕妤庄重自持，恪守礼法，遵循正统思想，力求做一个贤良淑德的后妃。但这对喜欢新鲜花样的汉成帝来说，不仅没有丝毫的促进作用，反倒是一种禁锢。

时间久了，汉成帝也就觉得班婕妤不像以前那么可爱了，于是他开始再次寻找具有新鲜感的妃子。有一次，汉成帝微服外出游乐，来到阳阿公主府。阳阿公主把养在府中的歌女都叫出来侍奉汉成帝。其中有一位歌女，便是历史上大名鼎鼎的赵飞燕。

对于汉成帝来说，赵飞燕勾人魂魄的眼神、清丽动人的歌喉、婀娜曼妙的舞姿，可比班婕妤的辞赋和说教舒服多了。汉成帝立刻为赵飞燕所倾倒，随即将她带回宫中，夜夜临幸。与赵飞燕一起进宫的还有她的妹妹赵合德。

在这燕舞笙歌中，班婕妤很快就失去了帝宠。对于班婕妤来说，失去皇帝的宠爱并不可怕，接下来发生的事情才是最坏的。赵飞燕两姐妹深得汉成帝欢心，"俱为婕妤，贵倾后宫"。

然而对于赵飞燕两姐妹来说，独得皇帝的宠爱并不够，她们还想得到更多的权力。赵飞燕依仗汉成帝的宠爱，"谮告许皇后、班婕妤挟媚道，祝诅后宫，罟及主上"。汉成帝听信了赵飞燕的谗言，废掉了许皇后，并严厉训斥了班婕妤。

面对汉成帝的无情拷问，班婕妤从容不迫地答道："妾闻'死生有命，富贵在天'，修正尚未蒙福，为邪欲以何望？使鬼神有知，不受不臣之诉；如其无知，诉之何益？故不为也。"我班婕妤不仅没有做过，而且也不屑做如此卑鄙不忠之事。

班婕妤的一席肺腑之言消解了汉成帝心中的怒气，汉成帝为了表达自己的愧疚，不仅对班婕妤不予追究，还厚加赏赐。此事过后，班婕妤心中已然明白，现在的汉成帝不再属于她了。

但恪守礼节的内心，并不允许自己去和赵飞燕姐妹争宠。

为免今后再发生是是非非，她选择了急流勇退、明哲保身，自请前往长信宫侍奉王太后，于此终老。就这样，班婕妤悄然隐退在深宫之中。每天长信宫宫门一打开，她便开始一个台阶一个台阶地扫地，生活刻板而单调。她感到自己仿佛是秋天被弃的扇子，孤独而寂寞，于是有感而发，写下了名留千古的《团扇歌》：

> 新制齐纨素，皎洁如霜雪。
> 裁作合欢扇，团圆似明月。
> 出入君怀袖，动摇微风发。
> 常恐秋节至，凉飙夺炎热。
> 弃捐箧笥中，恩情中道绝。

其中的怅然若失，其中的无限悲伤，溢于言表。然而，班婕妤心中并没有对汉成帝这个"负心汉"有任何抱怨，甚至在他死后，自愿到成帝陵守墓以终余生。相伴一冢孤坟，往事历历在目。一年之后，班婕妤终于追随成帝而去了……

"君恩如水向东流，得宠忧移失宠愁。"从繁华到萧瑟，班婕妤的人生充满着必然与无奈。班婕妤的一生，可以看作是古代后宫嫔妃生命历程的一个缩影。西晋文学家傅玄曾赞她："斌斌婕妤，履正修文。进辞同辇，以礼匡君。纳侍显德，说对解纷。"她努力使自己成为一个完美的女人，但却没能拥有一个完美的人生。也许，那个世界本就不属于她，也许，美好的事物总如流星般短暂。

班昭："二十四史"唯一的女作者

扶风曹世叔妻者，同郡班彪之女也，名昭，字惠班，一名姬。博学高才。世叔早卒，有节行法度。兄固著《汉书》，其八表及《天文志》未及竟而卒，和帝诏昭就东观臧书阁踵而成之。帝数召入宫，令皇后诸贵人师事焉，号曰大家。每有贡献异物，辄诏大家作赋颂。及邓太后临朝，与闻政事。以出入之勤，特封子成关内侯，官至齐相。时《汉书》始出，多未能通者，同郡马融伏于阁下，从昭受读，后又诏融兄续继昭成之。

——《后汉书·曹世叔妻传》

在中国历史上，青史留名的女子虽说不多，但总有那么几位"巾帼不让须眉"。她们凭借自己的德行和才华，在历史中留下了自己的姓名。但仔细想想，古往今来，能诗善文的才女不在少数，而蘸墨写史的女子却寥寥无几。

在古代，有资格讲经著史的多为男子。不过，凡事都有例外，在"二十四史"的众多作者中就有一位女性，也是唯一的女性。她便是有着"中国女史学家第一人"的东汉才女班昭。

01

饱经风霜，以史留名

公元45年的一天，班家的小女儿班昭出生了。当时，她的父亲班彪正在潜心修史，渴望编写出堪比《史记》的传世之作。大哥班固也早已才名在外，二哥班超则常常拿着《公羊春秋》阅读，甚至到了废寝忘食的地步。

文史并重的家风使班昭从小就耳濡目染，年纪轻轻就表现出了非凡的才华。范晔在《后汉书》中评价其"博学高才"。然而，上天给了班昭颇多才华，同样也给了她颇多磨难。

在班昭九岁的时候，父亲班彪去世。好不容易到了出嫁的年龄，可不幸的是，嫁到夫家没多久，丈夫也去世了。父亲和丈夫的双双离世，使得她还没有来得及感受父爱和爱情的温存，这无疑成了她一生中最大的遗憾。

人们常说："寡妇门前是非多。"身为寡妇，班昭不仅要承受生活压力，还要遭受舆论的攻击。好在班昭心气儿极高。她没有选择再嫁，而是独自带着子女生活，为自己赢得了贤惠、守节的好名声，深受乡里称赞。

遭遇磨难并不可怕，可怕的是在磨难中放任自流。在磨难的洪流中，班昭没有选择逃避与放弃，而是以坚毅的品质赢得了世人的尊重。

公元92年，大哥班固因受权臣牵连，入狱后没过多久便死去了，只留下尚未完成的《汉书》。汉和帝亲政后，因《汉书》未完一事深感遗憾，于是便命人去寻找《汉书》编撰的接替者。由于班昭自幼秉承家学，更兼手中还有父兄未完成的散稿，于是，这项重任就落在了她的身上。

在进入东观藏书阁后，班昭为了实现父亲和兄长的遗愿，开始大量阅读史书，终于将父兄遗留下的散稿整理出来，编成了《汉书》，并且还补写了八表及《天文志》。《汉书》刚面世时，许多人都读不懂，就连大学者马融也要跟随班昭学习《汉书》。

在封建时期，女子参与史书编撰称得上是一项空前绝后的大事件，班昭也因此成了后世女作家们崇拜的对象。清代女作家赵傅在《后汉列女颂（并序）》中就赞她"东观续史，赋颂并娴"。后人为了纪念这位伟大的女性，更是将金星上的其中一个陨石坑以她的名字来命名。

02
朝中大家，幕后议政

汉和帝有感于班昭在编著《汉书》时的突出表现，同时对班昭的才华也十分钦佩，于是便干脆请班昭入宫教授后妃们读诗诵史，让班昭做她们的老师。一时之间，后宫之中出现了"左右习诵，朝夕济济"的局面。

班昭凭借其丰富的学识、高尚的品德，深得后妃们称赞，并被尊称为"大家"。也就是这时，班昭和还没有成为皇后的妃子邓绥成了"忘年闺密"。两人亦师亦友，情同姐妹，这也为班昭日后参与朝政打下了基础。

邓绥在宫中处处隐忍，以退为进，最后成功击败了皇后阴氏，于公元102年成为汉和帝的新皇后。四年后，汉和帝英年早逝，而新君汉殇帝刘隆生下只百余日。于是，邓绥成了太后，并顺理成章地临朝专政。

虽然女性的身份让班昭无法走上朝廷，但她却始终在幕后为邓太后出谋划策，协助她处理政务、治理国家。对于班昭的"闺密干政"，史书并未遮掩。《后汉书·列女传》记载："及邓太后临朝，与闻政事。以出入之勤，特封子成关内侯。"班昭对朝政尽心尽力，让邓太后十分感动，于是她破格册封班昭之子为关内侯。

有了班昭的指点，年轻的邓太后如虎添翼，初掌大权就有章有法，让大臣和老百姓称赞不已。邓太后在执政中一遇到问题，便会召见班昭商议解决方法。有一次，邓太后的哥哥大将军邓骘以母亲去世为由，想要辞官回乡。邓骘一直率军镇守边疆，可以说是国家的屏障。邓太后担心哥哥辞官之后边疆生变，所以准备拒绝他的请求。

但邓骘态度很坚决，邓太后只好去征求班昭的意见。班昭说："今国舅深执忠孝，引身自退，而以方陲未靖，拒而不许，如后有毫毛加于今日，诚恐推让之名，不可再得。"班昭这是含蓄地告诉邓太后，如果邓骘不急流勇退的话，等有朝一日你不再掌权，那么任何小事都有可能引发大的祸端，邓氏一族也会凶多吉少。

邓太后心领神会，坦然接受了班昭的建议。班昭生前一直为邓太后出谋划策，鞠躬尽瘁，死而后已。在她去世后，为了表达对她的敬意与感谢，身为太后的邓绥以学生之礼身穿素衣以表哀悼，并派使者监办班昭的丧事。

03
文采斐然，毁誉参半

班昭不仅在史学上、政治上大放异彩，在文学上也占有一席之地。当时全国各地每逢有贡物入京，皇帝、太后总会把班昭召进宫，让她作赋歌颂。有一次，班昭的二哥班超从西域送来了一只非常美丽的大雀，班昭便被召入宫中，临场写下一篇《大雀赋》。

随着时间的流逝，班昭红颜已老，但她的才情依旧熠熠生辉。晚年时，班昭曾跟随自己的儿子到陈留赴任，她将自己一路的所见所闻写了下来，于是便有了让后世传唱千年的《东征赋》。

　　晚年的班昭，没有了往日的悠然自得，她身患疾病，同时也为班家后辈女性操碎了心。为教导班家女性，担心她们不懂妇女礼仪，便于闲暇时作《女诫》七章，以资勉励。

　　这《女诫》本是班昭用来教导班家女儿的私家教科书，不料京城世家却争相传抄，不久之后便风行全国各地，堪称"古代女人日常行为规范"。大儒马融读后认为很好，便让自己的妻子、女儿来学习。

　　然而，班昭的小姑子却反对女子们学习《女诫》，她认为《女诫》对女子的要求太严格烦琐了。比如在《女诫》《卑弱》篇中，班昭引用《诗经·小雅》中"生男曰弄璋，生女曰弄瓦"的说法，认为女性生来就不能与男性相提并论，必须"晚寝早作，勿惮夙夜；执务和事，不辞剧易"，这样才算是恪尽本分。如此一来，写出《女诫》的班昭，也被后世之人视为"男尊女卑"的鼓吹者。

　　其实，《女诫》所写也并非全是"男尊女卑"。比如，在《叔妹》篇中，班昭便告诫女儿们要与丈夫的兄弟姐妹和睦相处，字里行间充满了对女儿的关爱。

　　回顾班昭的年少时期，父亲和丈夫双双早逝，她没有太多的机会去和他们沟通，也没有办法向他们表达自己的爱。班昭写成《女诫》，或许正是自己对女儿后辈的一种期望，期望他们能够遵守妇道，好好爱自己的家人，不要像自己一样，一生留有遗憾。

南宋诗人徐钧曾赞美班昭："有妇谁能似尔贤，文章操行美俱全。"康有为也称赞班昭，以班昭之学，列于须眉男子中，亦属凤毛麟角。班昭为我们留下了流传至今的史学巨著，也无心插柳地影响了中国女子近两千年的时间。

虽然后世之人对她褒贬不一，但依然无法掩盖她的风采。汉书曹大家，才女古今殊。班昭已逝，但她却给后世留下了不可磨灭的财富。

左芬：因才华而入宫为妃

芬少好学，善缀文，名亚于思，武帝闻而纳之。泰始八年，拜修仪。……后为贵嫔，姿陋无宠，以才德见礼。体羸多患，常居薄室。帝每游华林，辄回辇过之。言及文义，辞对清华，左右侍听，莫不称美。

——《晋书·武悼杨皇后传附》

"寂寂花时闭院门，美人相并立琼轩。"皇宫内院，佳丽三千，哪一个不是桃羞杏让，谁人不似广寒仙子。然而，在这众多光彩夺目、雍容华贵的女子背后，却有着一座凄冷孤寂的牢笼。

在那里，有多少女子至死未见君王，红颜苍老，芳华流逝；又有多少女子为得帝王宠幸，布局谋划，工于心计。在那里，每个女子只能依靠自己的容貌和手段，每一天对她们来说，都是希望与失望并存。然而不管怎样，她们都是美的，她们都有过对君王的期盼，也有着对未来的憧憬。

但有些女子命运注定不同，在以好色闻名的晋武帝司马炎的后宫里，就有着一个不一样的女子。她身体孱弱，相貌平平，却被封为贵嫔；她才学甚高，涉猎甚广，却一生郁郁寡欢。人生在世，从来都是得非所愿，愿非所得。她本不应该入宫为妃，却因为自己的学识，落得一生失去自由。这个传奇女子便是左芬。

01
姿陋体羸，才名无双

左芬家世儒学，出身寒微。其父左熹起于小吏，后任御史、太守之职；其兄为左思，一首《三都赋》，惹得洛阳纸贵。

她自幼好学，善写文章，诗、赋、颂、赞、诔等无有不会，鲜有不精。她性情温婉、文章细腻，正如她名字般芬芳温暖，让人回味无穷。然而，左芬并不是那种才貌双全的女子。史书记载她"姿陋无宠，体羸多患"，不但样貌不佳，身体还柔弱多病。

左芬明白，既然相貌上没有优势，那便从才学中提升自己。所谓"腹有诗书气自华"，学识自会给她带来知性清高的气质。她的作品很多，现存的诗、赋、颂等，就有二十余篇。这些虽为应诏而作，但她的才学亦受世人敬仰。

左芬知道自己相貌普通，她对未来并没有过多奢望，只希望和其他女子一般，年过二八，嫁为人妇，平日相夫教子，闲暇之时，读书吟诗便好。然而，却因为哥哥左思的一篇《齐都赋》，惹得兄妹两人天下闻名。

　　晋武帝司马炎听说左芬才学过人，便打算将她纳入后宫。司马炎明白，若将丑女左芬纳入后宫，既为自己博得惜才的名誉，又让世人知道自己不是好色之徒。然而司马炎这种掩耳盗铃的做法，虽对自己大有裨益，可对左芬来说却是一场悲剧。

　　司马炎并不喜她的相貌，却相当看重她的才学，先封她为昭仪，后来又晋封为贵嫔，地位仅次于皇后。但左芬并没有因此张狂，她深知自己的位置，自己并不是皇帝的嫔妃，更像是他的御用"诗人"。

　　左芬一直低调做人，保持自重内敛。哪怕自己身居"薄室"，哪怕皇帝不闻不问，哪怕后宫风言冷语，她都不怨恨，不纠结。她虽和这个宫殿格格不入，却依旧学着适应生活，学着与他人友好相处，在这个陌生的环境慢慢安稳下来。

　　很多时候，我们不能决定命运的走向，不能决定他人的行为，但我们可以决定自己的心态。

02

因才而鸣，因才而误

　　左芬深知自己的处境，面对后宫嫔妃，她小心翼翼；对待晋武帝时，她尽心尽力。她努力完成着自己"吟诗作赋"的任务，扮演好自己"后宫嫔妃"的角色。

一日，司马炎突然伤感，遂找到左芬，让她作一篇"愁思之文"，以借此感怀。对于应诏之文，左芬内心实在反感，可这次的愁思之文，又恰如自己所想。于是，她一气呵成写出了千古名篇《离思赋》。赋中她道尽心中悲苦，述说思亲之情，宣泄着自己的无尽哀愁。

钱锺书这样评价《离思赋》："宫怨诗赋多写待临望幸之怀……左芬不以侍至尊为荣，而以隔'至亲'为恨，可谓有志。"得此佳作，司马炎自然欣喜，以后每逢得遇奇珍异宝，便会叫左芬前来作赋，后来甚至连红白喜事，亦会命左芬以诗献礼，以赋抒怀。

在帝王面前展示才学，换作任何一个人都会喜出望外。然而，对于左芬来说，却是一种痛苦。她虽貌丑不得宠，却因为才学被帝王赞扬，这自然也引得后宫之人争风吃醋。有人说她沽名钓誉，徒有虚名。她便以啄木鸟为喻，写下了《啄木诗》，表明自己天性纯良，写文并非取悦于人，而是追求一种"唯志所欲"的淡泊心境。

她无心争宠，也不愿参与争斗，帝王恩宠与她无关，后宫倾轧也不会将她裹挟其中。左芬看开了许多，貌美如何，貌丑又如何，如今她们争来夺去，但到红颜老去，亦难逃帝王嫌弃，落得无依无靠的下场。

她如今放不下的，唯有父母兄弟。她自幼与家人相伴，幼时虽然艰苦，却有亲人在侧。如今被拘深宫，虽绫罗绸缎，却失去了自由，孤苦一人。左芬入宫二年时，左思曾作四言诗赠予她。而左芬亦写了一首《感离诗》回应哥哥，以寄自己的相思之情：

> 何时当奉面，娱目于书诗。
>
> 何以诉辛苦，告情于文辞。

左芬的内心感受，只能靠诗文来与哥哥传递；她想见兄长家人的愿望，也不过是一个幻想而已。她被困锁皇宫，受尽折磨，一生都不得解脱。人生有时就是这样，被困于一地，陷入一时困境，不得逃离，也不得救赎。

03

宫门似海，再无自由

在漫长的宫廷生涯里，左芬名为妃嫔，实为字画一般的摆设，用之即来，舍之即去。对于附庸风雅的司马炎来说，左芬的出现满足了他的精神需求；可对于喜好自由的左芬来说，高墙不仅锁住了她的灵魂，也困住了她的情真意切。

司马炎身为帝王，并没有对爱情的尊重，对婚姻的敬畏。他禁止天下女子自由婚嫁，要先经他挑选后，父母才可将女儿许配他人。因为他大肆扩张后宫，使得宫中美人无数，他驾着羊车在后宫随意走动，羊车停在哪里，他便宿眠在哪里。后宫众人为使其停留，便"竹叶插户，盐汁撒地"来吸引羊车。这便是"羊车望幸"的典故的由来。

上行下效，国家开始兴起奢靡之风，刚刚统一的天下，便埋下了动荡的种子。左芬自幼熟读经史，熟知明君的样子，她希望自己服侍的帝王贤明有道，以天下为重。可身为摆设的自己，又有什么能力去规劝司马炎，去改变这一切呢？

对外没有自由，对内好似人偶；于君不能亲近，于己未可随性。她的内心已没有丝毫爱意，只有浓浓的悲凉。同样是才华横溢，对男子来说便是栖身天下的依仗，可对于左芬来说，却是如同砒霜般的毒药。左芬选择隐居偏殿，隔绝后宫一切人际往来，非君王召见，从不出殿，靠着书本与青灯孤老终身。

公元290年，司马炎病逝，传位于"何不食肉糜"的晋惠帝司马衷。皇后贾南风开始掌控朝廷，不但饿死了太后杨芷，还谋杀了后宫无数妃嫔。她不但秽乱宫闱，还害死太子司马遹。宫中天翻地覆，左芬因寡居深宫，在这场灾难中存活了下来。

可这对她来说，却没有丝毫幸运可言，司马炎走了，如今的左芬全无价值。在这座冷寂阴沉的宫殿中，她只能无望地孤独地活着，直到死去的那一天。

落花不愿随流水，流水偏偏迁落花。因才学过人而被锁深宫，左芬的人生充满着落寞与无奈。有人说，福祸相依，左芬的样貌和性格，虽不得帝王欢喜，却也让她避开了宫廷争斗。

可一个女人一生所盼望的，不就是和自己喜欢的人同甘共苦，白头偕老吗？她的命运，自始至终都如草芥一般，随风而去，由不得自己做主半分。她因才学而名声大噪，位至嫔妃，却也因为才学而失去自由，成了笼中之鸟。如果她的生命里，没有才华，没有学识，简简单单地活下去，也未尝不是一种幸福。

可世间哪有那么多如果，一个女人若太过自艾自怜，最终受伤害的还是自己。想要不被伤害，不但要有引以为傲的风骨，还要有坚韧不拔的意志。只有这样，生活才能淡定从容，才能做到一切得失在心！

走过，就不要后悔，也不必遗憾。"青鸟来去闲，红霞朝夕变。"人生漫漫，不求尽如人意，但求问心无愧。

谢道韫：有才气，有志气

白雪纷纷何所似？撒盐空中差可拟。未若柳絮因风起。

——《咏雪联句》

谢道韫，东晋女诗人，生于声名无比显赫的陈郡谢家。有如此家世，谢道韫本可以安乐地过完一生。可不曾想，所有悲剧，都是从一桩看起来门当户对的婚姻开始的。

可悲可叹，谢道韫虽出身名门，却也尝尽世态炎凉，最终门庭衰落，家破人亡，凄苦半生，却在晚年修炼出沧桑沉郁、飘逸洒脱的风骨，为后世所称道。

01

咏絮之才

提到中国古代的才女，我们的脑海中，会不自觉地浮现出很多人物：卓文君、班昭、李清照……

当然还少不了一位虚构的才女——林黛玉。《红楼梦》第七十回，林黛玉在重组桃花社的时候，与大家斗词。

在开题的那首《唐多令》中，用"一团团逐对成球"，来描写柳絮飘零的样子，以此暗指自己的身世。为此，曹雪芹称赞林黛玉有"咏絮之才"。而这个"咏絮之才"的典故，就出自今天我们要讲的主人公谢道韫。

虽然同是才女，但谢道韫和林黛玉的出身、性格和命运截然不同。她不仅仅依靠自己的才华而被后世所铭记，她值得我们敬佩的还有她的抱负和勇气。

东晋初年，她生在当时四大家族中的陈郡谢家，和书法家王羲之、王献之所在的家族琅琊王家齐名。谢家最有名的人物当属谢安，他是淝水之战的决策者，他和侄子谢玄一起以少胜多击退了来犯的前秦数十万大军。

谢安一共兄弟四人，在淝水之战之前，谢安的其他兄弟都在朝为官，只有谢安隐居。因此谢家后代教育的担子，就落在了谢安的身上。谢安经常和他们坐在一起饮酒品茗，探讨学问。

一天，天降大雪，谢安和子侄们就起了兴致，谢安问："这纷纷白雪，你们觉得像什么？"

侄子谢朗说道："撒盐空中差可拟。"雪花像撒在空中的盐。大家听了之后，觉得这个比喻太过一般，而且把雪花飘飞时的美感给破坏了。

这个时候，谢道韫站了起来，说道："未若柳絮因风起。"

即不如把它们比喻成因风而起飘飘摇摇的柳絮。

雪花轻轻地落在地面上，连绵不绝，像因风而起、随风飞舞的柳絮。此意境瞬间涌入了人们的脑海，雪花和柳絮的动态结合起来，画面骤然而生。从此，"咏絮之才"成了对才女赞许的专有名词，谢道韫也因此和蔡文姬、班昭齐名。《三字经》中有"蔡文姬，能辨琴；谢道韫，能咏吟"，可见后人对她赞誉的程度。

02
鸿鹄之志

不过，虽然以才女闻名，谢道韫的传世作品并不多，被人所熟知的仅有两首。其中一首，便是她仿照嵇康《仙游诗》而作的一首《拟嵇中散咏松诗》。

> 遥望山上松，隆冬不能凋。
> 愿想游下憩，瞻彼万仞条。
> 腾跃未能升，顿足俟王乔。
> 时哉不我与，大运所飘摇。

谢道韫在姊妹中一直是诗文写得最好的。每写完一首诗，她都会拿出来给谢安过目。谢安拿到这首诗后，一眼就看出她在模仿嵇康。然而谢安觉得，即便是模仿，这首诗也是极好的。

谢安对这个侄女满意极了，但是却为侄女感到可惜。因为当时是一个男尊女卑的时代，即便女子再有才，也仅仅是锦上添花，无处施展。惋惜之情，涌上了谢安的眉头。

谢道韫似乎察觉到了什么，先开口问道："叔父，您觉得这是不是您说的'屋下架屋'？"所谓屋下架屋，是谢安对当时模仿《两都赋》而创作的作品的一种评价，比如张衡的《两京赋》、左思的《三都赋》。然而后来的仿作描写的景象都与前作无异，却被吹嘘为"建康纸贵"。

于是谢安就站了出来："此是屋下架屋耳。事事拟学，而不免俭狭。"是说这就是在屋子中再盖一间屋子，如果再这样没有思考地模仿下去，那么写作的道路，就会越走越窄了！从此，"屋下架屋"的说法便由此传开了。

虽然《拟嵇中散咏松诗》有模仿嵇康的痕迹，但是其中却充满了谢道韫自己的立意和风格。她没有一味地模仿嵇康心中的消极与黑暗，而是用他用的意象来表达自己的敬仰和志向。在古代，这种写法叫作"点石为金"。

谢安认为，要是自己的这位侄女是一个男儿，定能开创一番伟业，甚至比自己另一个侄子谢玄取得的成就还要高。这不仅仅因为谢道韫文采出众，还因为在她的诗文和喜好中充满了她自己的政治抱负。

　　谢道韫绝对不是我们传统中所认为的文艺女青年，只顾吟诗作对，而不问世事。在她的心中，学文固然可以陶冶情操，但更重要的还要能经世致用。有一天，谢安问子侄们："你们认为《诗经》中哪一句最好？"

　　谢玄认为，最好的一句是："昔我往矣，杨柳依依；今我来思，雨雪霏霏。"这是来自《诗经·小雅·采薇》中的名句，整句诗中，充满了岁月匆匆流逝、物是人非的忧伤。

　　然而，谢安却不这样认为，他给出了心中的标准答案："訏谟定命，远猷辰告。"并说："谓此句偏有雅人深致。"这一句来自《诗经·大雅·抑》，如果不是现在专业搞研究的，几乎没有人在意过这句诗。

　　它的意思是："当心中有大谋的时候，要密不透风地仔细地谋划；而谋略成熟时，就选择一个恰当的时机，将其告知于众。"为什么这么拗口的诗句，谢安却认为雅人深致呢？

　　今天我们读古诗词大多是以欣赏的角度来品读，所以很容易忽略古代社会中正统的诗学观念。在那个时候，文学即政治。以谢安的身份，表彰这种政治正确的诗，是他的责任，才是不失体统的。

　　这时候，我们心中的文艺女青年谢道韫出场了，她又会怎么回答？她的回答出人意料，引用了《诗经·大雅·烝民》中的一句："吉甫作诵，穆如清风。仲山甫永怀，以慰其心。"这首诗的作者是周代元老重臣尹吉甫。当时周宣王派仲山甫去齐地筑城，尹吉甫写这首诗来送别仲山甫，连带着赞美周宣王能够任贤使能，中兴周室。文艺女青年的诗歌趣味，竟然与政坛大佬谢安相同，可见她心中的志向。

然而古代有才、有抱负的女子，往往在情感上都充满不幸。她作为世家大族的女子，嫁给了门当户对的大书法家王羲之的儿子王凝之。虽然王凝之书法诗文样样精通，但信奉当时的一个道派——五斗米道，崇尚修仙之术。和谢家的风流洒脱的才子相比，王凝之显得十分木讷。谢道韫有一次省亲回到家中，埋怨丈夫呆板。不过王凝之待她却是极好的，她也明白抱怨也没有什么用，发泄完情绪之后，她仍回到王家好好过日子，相夫教子，并和王凝之生下了四个儿子。

03

巾帼之勇

多年之后，一件突发的事情，再次印证了谢道韫的志向，并让她在历史上留下了最浓墨重彩的一笔。

隆安三年（399年），东晋爆发了孙恩叛乱，正要攻打会稽城。会稽太守正是谢道韫的丈夫王凝之。谢道韫劝丈夫赶紧做好防备，而丈夫一概不听，整日设坛作法，相信五斗米道所宣传的借鬼兵退敌。

谢道韫没有办法，干脆自己招募、训练士兵御敌。然而敌众我寡，孙恩大军很快攻破会稽，王凝之和他的四个儿子都被杀了。只有谢道韫在危难中镇定自若，手刃数人，最终被俘。

当时，她还抱着三岁的小外孙刘涛。见到孙恩想要上前争夺外孙，谢道韫厉声喝道：

"事在王门，何关他族？必其如此，宁先见杀！"这事出在王家，与其他家族的人有什么关系？一定要这么做的话，宁可先杀了我！

孙恩被她的气概所折服，顿生敬仰之情，非但没有杀死她和她的外孙，还派人将他们送了回去。而这件事情后来被房玄龄等人记载在正史《晋书》中。

从谢道韫这个弱女子身上，我们看到的不仅仅有祖先的才智、文人的风骨，还充满了令人敬佩的勇气。在那以后，谢道韫隐居会稽，独自照顾起幸存的家人的生活，闲暇时写诗著文，过着平静的隐士生活。也经常有东晋的有识之士去拜访她。

或许因为她身为女子在历史和政治上的意义过于突出，她的诗文也因此被掩盖了。或许历经风霜，洞悉世事的她，对这一切都不在乎了。于是，在隐居期间，写下了她流传下来的另外一首诗《泰山吟》，表明她余生的心愿。

峨峨东岳高，秀极冲青天。

岩中间虚宇，寂寞幽以玄。

非工复非匠，云构发自然。

器象尔何物？遂令我屡迁。

逝将宅斯宇，可以尽天年。

苏蕙：创璇玑图，玄机无限

窦滔妻苏氏，始平人也。名蕙，字若兰。善属文。滔，符坚时为秦州刺史，被徙流沙，苏氏思之，织锦为回文旋图诗以赠滔。宛转循环以读之，词甚凄婉，凡八百四十字，文多不录。

——《晋书·窦滔妻苏氏传》

唐朝如意元年（692年）五月一日，一代女皇武则天挥毫泼墨，为她极为赞赏的一幅图洋洋洒洒写下了序言。这幅图，就是苏蕙的《璇玑图》。

璇玑是北斗七星第二星天璇星与第三星天玑星的合称，常用来指代北斗星。因为北斗星会根据季节在天空旋转，所以"璇玑"又有"旋转"的含义。《璇玑图》的意思就是可以旋转着读诗的一幅图。武则天在序言中，详细地叙述了这幅图的由来。

《晋书·列女传》对苏蕙的介绍不足七十字，幸亏有了武则天的这篇序言，我们才得以详细了解这个诗才惊人的女子以及她那传奇的爱情故事。

01
若兰初嫁

苏蕙，字若兰，是东晋十六国时期前秦人氏。她出生在今陕西省咸阳市武功县，父亲曾任陈留县令。苏蕙清秀俏丽，安静内敛。很小的时候，她就非常喜欢读书，尤其喜欢读诗。很快，她便会作诗了，而且水平颇高。

稍大一点，她又学会了刺绣和织锦。成年以后，当同龄人纷纷定亲时，她却拒绝了不少亲事。原来，她并不想随便嫁个人，而是希望嫁个能与自己心灵相通、志趣相投的人。

好在，她等来了窦滔。窦滔是今陕西省宝鸡市扶风县人，是右将军窦子真的孙子。东汉时，扶风有四大朝臣"班、马、耿、窦"，窦滔便是窦家之后。

窦滔不仅继承了爷爷的武将风范，还自有一番文人气质，是难得的文武全才。他精通文史，常与人交流心得想法，在当时颇有名气。而且窦滔高大帅气，从相貌上也堪配苏蕙。于是，十六岁那年，聪慧美丽的苏蕙披上嫁衣，嫁给窦滔为妻。

婚后的窦滔更加意气风发。前秦皇帝苻坚对他很是欣赏，命他在军中效力。窦滔没有辜负苻坚的期望，屡建军功，步步高升。很快，他便升任为秦州刺史（相当于今天甘肃天水的军事行政长官）。

婚后最初的日子，一如苏蕙的想象，两人常常一起作诗，互相点评、欣赏。这让一向内敛，很少与人交流的苏蕙觉得，窦滔不仅是丈夫，更是知己。

渐渐地，苏蕙的创作水平得到了很大提升。对她来说，寻常的诗已经没有多大意思了。为了提高作诗和赏诗的难度，苏蕙慢慢琢磨出一种回文诗。

回文诗，是一种词句可以回环往复，正读倒读皆有意义的诗体。例如，"潮随暗浪雪山倾"读起来很通顺，倒过来读"倾山雪浪暗随潮"，也很通顺。这就是典型的回文诗句。苏蕙是回文诗的开山鼻祖，历代的回文类诗文集中，放在首位的作者通常都是苏蕙。后来，宋朝的王安石、苏轼，明朝的汤显祖等著名文学家均有回文诗问世，但都难以和苏蕙相提并论。

苏蕙和窦滔在回文诗中发现了无数挑战，也获得了无数乐趣。当然，与之相随的，还有夫妻之间那种心心相通的和谐与欢乐。

然而，人生若只如初见，那该多好。苏蕙甜美如蜜的婚姻生活，终究还是有了苦涩。

02

等闲变作故人心

窦滔风流倜傥，不仅爱诗文，也爱歌舞。那时有一位叫作赵阳台的歌姬，纤细艳丽，歌喉之婉转、舞姿之妖娆无人能比。窦滔把她纳为妾室，偷偷安置在了一处别馆。但终究，这件事还是让苏蕙知道了。

一时间，苏蕙如五雷轰顶。她怎么也没想到，昔日那个疼她爱她、敬她懂她的人竟会移情别恋。然而，她却无可奈何。那个时代，纳妾并不违法，有些妻子甚至会主动为丈夫纳妾。苏蕙只能打落牙齿和血咽，将一腔心事尽付诗歌。

这还不是最残酷的，更麻烦的是，窦滔在一次军事行动中，因为抗旨不遵，被贬谪到了远在天边的敦煌沙漠。得知消息的苏蕙，不禁怀疑是赵阳台迷惑了夫君，因为以往的窦滔深得皇帝的爱重，怎么会轻易抗旨？再加上苏蕙常年在家侍奉公婆，管理家政，而赵阳台却不用尽一点义务，只知道歌舞取乐。因此，一向安静的苏蕙不由得怒从心头起。她率领一众婢女，找到了赵阳台居住的地方，揪住赵阳台就是一顿暴揍。

此时窦滔已经远在敦煌，失去靠山的赵阳台也无可奈何。但不久后，皇帝苻坚攻下了东晋的襄阳城，却担心守不住。考虑到窦滔的文韬武略，苻坚决定重新启用窦滔，让他镇守襄阳。

接到命令后，窦滔即刻从敦煌赶往天水，想带着妻妾一同向襄阳进发。哪知赵阳台一见他，便哭诉苏蕙的穷凶极恶，历数苏蕙的缺点瑕疵。窦滔听完，心中大感遗憾。他没想到文气优雅的苏蕙竟会对赵阳台大打出手。

但不管怎样，窦滔仍然放不下苏蕙，于是便让苏蕙、赵阳台陪他一起出发。苏蕙听说赵阳台也要去，顿时心如刀剜，恨意滔滔。于是她断然拒绝了窦滔的要求，表示绝不和赵阳台一起去襄阳。

窦滔好说歹说，苏蕙不为所动，窦滔只好带着赵阳台走了，而且走后音讯全无，似乎把她完全忘了。此情此景，让苏蕙的刚强坚持很快变成了绵绵伤痛。想我苏蕙年仅二十一岁，从此就要守活寡了吗？事到如今，该怎么办？

03
重归于好

苏蕙一次次擦干眼泪，打开已经看了无数次的诗集，去寻找力量。当她看到卓文君用诗歌挽回司马相如的心意时，不由得心中一动。她想，诗歌恰是我所擅长的呀，况且夫君原本也是极爱诗歌的。不如就作一首回文诗，既能让窦滔忆起旧情，又能让他明白我愁肠百结的心情。

于是，她打起精神，开始设计一首新的回文诗。这首诗总共八百四十字。这么多字混在一起，窦滔能读出来吗？不行，必须把字词分区。怎么分呢？

她想到，可以把所有字词分为五个区域，用五种不同颜色的丝线来编织。于是，她拿出丝线，架上织机，开始把这八百四十字织入一幅八寸见方的手帕之上。

　　一天一天过去了，一幅玄妙的回文诗图样，渐渐展现在苏蕙眼前。这幅图，五色鲜明，光泽晶莹。最令人叫绝的是，这方方正正的一幅图，不论正读、倒读、轮转读、回转读、退字读、蛇行读、放射读，还是向心读等，均能组成严整的诗句。苏蕙把这幅图叫作"璇玑图"。

　　当她身边的人看到这幅图时，都纷纷摇头，表示根本看不懂。而苏蕙却笑着说："非我佳人，莫之能解。"意思是，只有我的知心人，才能看得懂。

　　不久后，她便让人把这幅图送到了襄阳窦滔手中。窦滔展开这幅图，细细琢磨、慢慢品味，但见其上尽是思念之意、伤感之情。他不由回忆起当年他和苏蕙二人一起琢磨、创作回文诗的场景——何等默契、何等欢愉！

　　他日夜翻看，不肯释卷。终于有一天，他送走了赵阳台，把苏蕙接了过来。从此二人琴瑟和鸣，白头偕老。

　　多年以后，苏蕙写过的绝大部分诗歌已经散失殆尽，但这幅《璇玑图》却被世人狂热追捧，成为象征爱情的文化符号。从此以后，"锦书""锦字""回文"成了古典文学中不可磨灭的爱情意象。

　　历朝历代，都有人借苏蕙和她的《璇玑图》吟咏爱情。唐朝时，武则天为《璇玑图》写了序。清朝时，李汝珍把武则天的序写入了《镜花缘》，并对《璇玑图》进行了解读。据《扶风县志》记载，这八百四十字的《璇玑图》已经被解读出九千九百五十八首诗。直到今天，仍有人千方百计想去解读上面的诗句。至于苏蕙的爱情故事，更是被不断搬上戏台、荧幕。

苏蕙的影响力不仅遍及文艺界，也扩展到了其他领域。在纺织领域，设计师把回文锦字作为一种特殊纹样，加以变形、改造，广泛用于各类纺织品的图案设计。在社会生活领域，苏蕙的回文织锦手帕，历经千百年，已经演变为关中一带女子出嫁时的必备物品。早前，关中女子出嫁前，要用五色线织就一幅幅手帕，待出嫁之日散发给亲人和帮工人员，后来逐渐变成购买印花手帕。苏蕙恐怕很难想到，她当年写给丈夫的情诗，会让亿万人铭记。

一方面，因为《璇玑图》实在太过玄妙，前无古人，后无来者；另一方面，它背后的故事，道出了大家对爱情的期待：相知相爱，直到永远……

李清照：千古才女酒一壶

常记溪亭日暮，沉醉不知归路。兴尽晚回舟，误入藕花深处。争渡，争渡，惊起一滩鸥鹭。

——《如梦令》

何为"清照"？明月松间照，清泉石上流。

她以女子之身，端立于文人之中，温婉至极，又不失豪气。有人说："李清照，你就不能让着点男人吗？"她昂然道："不能！"

明明只是一个人，却让人感觉身后有着千军万马。她在那个男尊女卑的时代，以难得的独立精神，做着"出格"的事情，活出了一个女人的个性和风采。

01

"一人饮酒醉"的女英雄

男人喝酒留名的有很多，如李白"杯酒诗百篇"，曹植"乐饮过三爵，缓带倾庶羞"。而女人因喝酒留青史的，李清照是独一份。就连酒后的诗词作比例，李清照都多过李白。只那《漱玉词》里，便有十一个"醉"字，十九个"酒"字。

李清照有多爱喝酒呢？她会在黄昏的时候"东篱把酒黄昏后"，在发愁的时候"愁浓酒恼"，在闲暇的时候"煮酒笺花"，时不时还会感叹一句"酒意诗情谁与共"。就这样一个"酒鬼"的模样，让"千古第一才女"李清照，隔着千年的历史，鲜活地出现在了我们的面前。

在那个"女子无才便是德"的封建社会，出身高门的她并没有和其他女孩一样攻克女红，钻研女训。她那难得的自由意识总是让她不按套路出牌。

有空吗？走，去喝酒！

"常记溪亭日暮，沉醉不知归路。兴尽晚回舟，误入藕花深处。"李清照喝多了便分不清眼前是星光还是水光，"惊起了一滩鸥鹭"；酒醒了还有小情绪，"新来瘦，非干病酒"，"病酒"一词，把酒后的失落和沮丧，表现得多么彻底。

就连之前热播的电视剧《知否知否应是绿肥红瘦》的名字，

也是这样得来的。这首《如梦令》被今人传唱，仿佛连那日的酒味都飘了出来，令人沉醉。

当那些夫子们一边惊叹李清照的才华，一边惋惜李清照做事"出格"的时候，她又做出了更出格的事！

来来来，麻将走一圈。

李清照打麻将多厉害？她自己这样说："使千万世后，知命辞打马，始自易安居士也。"打马便是麻将的前身，她可以说是打麻将的祖师爷。

不过才女即使赌博也和别人不一样，她玩了一段时间，就开始总结这些赌博游戏的技巧，还把它们汇总在了一本书中，堪称"赌博教材"。

最后还会故作深沉地来一句："予性喜博，凡所谓博者皆耽之，昼夜每忘寝食。但平生随多寡未尝不进者何？精而已。"在有事没事就刷经验值的情况下，李清照玩这些游戏，基本都不会输。

又爱喝酒又爱"赌博"，李清照的崇高形象肯定是没有了，不过那又怎样！一个人，不能只活在别人的眼里，而要活在自己的心里。规规矩矩的大家闺秀就像是"装在套子里的人"，循规蹈矩不出错，却是活给别人看的。只有这样的李清照，自信潇洒，才是一个活生生的有血有肉的人。

02
男女平等的第一人

　　李清照是幸运的，在年少烂漫的时候，遇到了情投意合的赵明诚，爱得热烈；李清照也是不幸的，在年过半百的时候，遇到了张汝舟，恨得彻骨。

　　爱着赵明诚的李清照，有着"自是花中第一流"的自信，有"徒要教郎比并看"的妩媚，还有"怕郎猜道，奴面不如花面好"的娇憨，但更多的是"巾帼不让须眉"的平等意识。她从不会在丈夫面前低眉顺眼、伏低做小。

　　他们在爱好上相同，在学识上棋逢对手，经常会在饭后沏一壶好茶，比赛谁能在最短的时间里说出书中记载的某事在第几卷几页几行。赢了的李清照，得意地端起茶杯，却因为笑得太厉害，将茶泼在了衣衫上，这"赌书泼茶"的浪漫，令人羡慕至今。

　　不只如此，赵明诚也算是"宠妻狂魔"，宠得李清照连"剁手"都不考虑家里还有没有钱，而李清照也不只自己一个人买买买，还要把老公拉上一起买买买。李清照在《金石录后序》中说："每朔望谒告出，质衣，取半千钱，步入相国寺，市碑文果实归。"看到喜欢的字画，两个人就算把衣服当了，也要买回来。这也算是"剁手"剁出了新高度。

只是幸福的时间并不长久，两人在后来聚少离多。李清照四十六岁的时候，赵明诚病逝了。

三年后，尝尽人生辛酸的李清照遇到了比自己小很多的张汝舟，张汝舟对李清照展开了疯狂的追求。

追求幸福的李清照以为自己再遇良人，在那个提倡"饿死事极小，失节事极大"的时代，她答应了这桩婚事，丝毫不在意别人说她是"老牛吃嫩草"。只是婚后三个月，李清照便把张汝舟告上了衙门。

原来张汝舟在婚后便露出了渣男本性，又是觊觎李清照的财产，又对李清照实施家暴。

"遂肆侵凌，日加殴击。"面对这样的市侩之徒，李清照从来没有想过要容忍，哪怕那时的她已经五十岁了，哪怕她作为妻子状告丈夫，同样要坐两年牢。

李清照搜集到张汝舟虚报考试次数来求官职的罪证，下手快、狠、准，毫不心软。最后，张汝舟被发配柳州。而李清照因文才被人搭救，在牢中九天就被放出来了。

敢爱敢恨的李清照，哪怕被当时的众人指着鼻子骂"不知廉耻""不守妇道"，也要活出真正的自我。在面对婚姻时，即使再爱，她也没有失去自我；不爱了，也不因为各种心理枷锁而选择将就。

03
十七岁的喜爱，七十岁的坚持

最高级的灵魂，是一生把一件事做到极致。李清照便把十七岁时的喜欢，变成了七十岁的坚持，把自己的一辈子，都写成了诗。

婚前，她的诗词中尽是无忧无虑。她从来不觉得对一个男子保持好奇心有什么错，所以她会大胆地写道："见客入来，袜刬金钗溜。和羞走，倚门回首，却把青梅嗅。"

糟了，是心动的感觉！这是李清照第一次见到赵明诚时所写的诗句，李清照生怕父亲不明白，还特意去父亲跟前"暗示"了一番。

婚后，她的诗词中尽是欢声笑语。"绛绡缕薄冰肌莹，雪腻酥香。笑语檀郎：今夜纱厨枕簟凉。"

有人不忍直视，批判道："李清照，你太胆大了，身为女子，写这么露骨的词！"可在颠沛流离的时候，她的诗让男子汗颜。

"生当作人杰，死亦为鬼雄。至今思项羽，不肯过江东。"这样的心胸，就连一旁的赵明诚听着都自叹不如。而项羽更是李清照心中的"男神"，为自己的"爱豆"正名，天经地义！

晚年独自一人，她便著书自娱。赵明诚病逝时没能完成《金石录》，李清照在赵明诚去世后用全部心血完成了《金石录》的后半部分。

一件事，做一次两次是一时兴起，做十次八次是尝试，做百次是坚持，做千次是习惯。贵在坚持，爱在习惯。一个爱好贯穿一生，才算得上是"痴"爱。

丈夫的心愿了了，李清照看中一个朋友家的女儿，想将自己毕生所学教给她。谁知这个女孩拒绝了李清照："才藻非女子事也。"李清照的心中一片荒凉，这个女子无才便是德的社会，女子的才学本就被人看低，就连女子自己，也为自己的人生戴上了沉重的枷锁。

我想此时李清照心中，定然如同一座孤岛。她挥笔写下："寻寻觅觅，冷冷清清，凄凄惨惨戚戚。乍暖还寒时候，最难将息。"

七十三岁的李清照，抱着这样的遗憾离开了人世。她的一生都在致力于做一个"出格"的文艺女青年，毫无保留地爱，痛快淋漓地活。即使饱受生活的摧残和捉弄，也要活出精彩。

管道升：书坛眷侣，才子佳人

尔侬我侬，忒煞情多。情多处，热似火。

把一块泥，捻一个尔，塑一个我。将咱两个，一齐打破，用水调和。

再捻一个尔，再塑一个我。我泥中有尔，尔泥中有我。

我与尔生同一个衾，死同一个椁！

——《我侬词》

人们常说，自古才女多薄命，但元代才女管道升是个例外。她成婚时已经二十八岁，在当时算得上是"大龄剩女"，嫁的丈夫却是当世书画大师赵孟頫，才子佳人，羡煞世人。

她与丈夫一生一世一双人，虽历经波折，仍初心不改。她与丈夫亦师亦友亦知音，以绝世才华，双双流芳千古。她一生顺风顺水，令无数后人羡慕。

01

宁可等待，也不将就

管道升，出身于南宋末年吴兴望族，父亲是名士管坤，传说是春秋时期齐国大臣管仲的后人。管坤不是平常男子。他性格倜傥洒脱，为人任侠仗义，极受乡邻尊敬，被尊称为管公。管公一生只有两女，没有儿子。在当时的社会，这是"绝后"的大事。好在他性格洒脱。既然命中注定无子，就把一腔父爱都投注到女儿身上。

管公尤其钟爱小女儿管道升，她天资聪颖，不学而能。可无论多宠爱女儿，终究要把她嫁到别人家做媳妇。父母唯一能做的，就是尽力挑个能力出众、人品上佳的女婿。

可择婿谈何容易。当时正值乱世，元朝南侵，南宋灭亡。剧烈的社会变迁中，个人的命运如一叶浮萍，难以预料。也许昨日还是富贵人家，今日就家破人亡。管公爱女心切，愈发挑剔女婿的人选。这一挑，就挑了好多年。直到管道升从妙龄少女变成"大龄剩女"，管公还是没找到合适的女婿。

其实管公曾经看好一个男子，就是同乡赵孟頫。赵孟頫是宋朝宗室，祖先是宋太祖之子赵德芳，五世祖是宋孝宗之父赵子偁。祖父、父亲都是南宋的高官。赵孟頫本人也不凡，不但生得十分俊美，而且自幼聪敏，过目不忘，下笔成文，运笔如风。十四岁时，他就通过考试，成为司户参军。管公认定了赵孟頫是个奇才。

若生在太平年间，女儿和赵孟頫算得上门当户对、天作之合。然而当时正值朝代交替，赵孟頫千好万好，仅前朝宗室的身份，就让管公退避三舍。

可缘分就是这么奇妙。南宋灭亡后，赵孟頫蛰伏在家中，继续研习经义，两次拒绝元朝的出仕邀请。可第三次征召，他不敢拒绝。因为这是行台侍御史程钜夫奉元世祖忽必烈的命令，搜访隐居于江南的宋代遗臣。

他随程钜夫进京觐见皇帝。一见面，赵孟頫就凭潇洒出尘的风姿，赢得忽必烈的欣赏。忽必烈当即让他坐在右丞叶李之上，又让他起草诏书。赵孟頫文不加点，一挥而就。忽必烈读了之后，更为满意："这说出了朕的心里话。"从此开始重用赵孟頫。

恰好这段时间，管公带着女儿管道升也来到京城。看到赵孟頫不但没受朝廷猜忌，反而前途光明，管公很是高兴。随后赵孟頫一系列正直宽厚的施政之举，更博得了管公的激赏。他认定赵孟頫是良配，就郑重将女儿嫁了过去。那一年，管道升二十八岁，赵孟頫三十五岁。

02

知音夫妻，神仙眷属

事实证明，管公看人的眼光极准。管道升嫁得虽晚，却嫁对了人。赵孟頫，是个极难得的自己有才华，又懂得欣赏妻子才华的好丈夫。在赵孟頫的包容和耳濡目染下，管道升非但没有在婚后的琐碎生活中磨灭了灵气，反而取得了越来越高的艺术成就。

待字闺中时，管道升虽然喜欢书画，却不擅长。而赵孟頫恰好是当世的书画大家。结婚以后，管道升如鱼得水。她常常在丈夫作画时陪在身侧，一边铺纸研墨，一边观摩赵孟頫的运笔技巧。不久以后，居然无师自通，小有成就。

这份聪颖，让赵孟頫大为惊喜。两人经常联手作画。管道升笔意清绝，负责画风姿秀丽的竹叶。赵孟頫笔锋雄健，负责补出劲挺有骨的竹竿。夫妻合作，珠联璧合。比起在绘画领域的成就，管道升在书法上的成就，更令后人赞叹。

赵孟頫的书法集晋、唐书法之大成，自成一家。管道升很喜欢丈夫的字，对他的"尺幅小卷，专意仿摹"。学成之后，居然与丈夫的书法十分神似，小楷端庄华贵，行书幽新俊逸。赵孟頫十分得意，夸赞妻子"落笔秀媚，超逸绝尘"。

管道升的书法偶然流出，当时世人"争购之，后学为之模范"。元朝皇室也对她推崇备至，元仁宗特意命令管道升书写《千字文》，并令玉器工匠磨制玉轴装裱，然后送祕书监装裱收藏，又让赵孟頫用六种字体写了六卷，其子赵雍写一卷，收藏在一起。元仁宗自豪地宣布："让后世人知道我朝有出名的女书法家，而且是一家人都擅长书法。多么神奇。"

后人给了管道升极高的评价，将她与王羲之的老师卫夫人并称为"书坛二夫人"。终此一生，管道升和赵孟頫在艺术上，互为知音，互相欣赏。

03
你侬我侬，同衾同椁

生活不只有风花雪月，更多的是衣食住行、子女教养、人情往来等琐事。在这些方面，管道升同样做得十分出色。她将家务打理得井井有条，对有困难的族人及时搭救。她对三子六女精心教导，三个儿子全部成为著名的书法家，三代出了七个大画家。赵家一时门庭兴盛，声望日隆。

她随丈夫辗转各地赴任，将交际应酬做得滴水不漏，为赵孟頫增添不少助力。更难得的是，她身处富贵之中，却能保持清醒。

当时赵孟頫仕途顺遂，一路做到魏国公，管道升也得封魏国夫人，这就是后人称她为"管夫人"的由来。管夫人认为仕途险恶，赵孟頫身份特殊，几次写词劝丈夫隐退。"人生贵极是王侯，浮名浮利不自由。争得似，一扁舟，弄月吟风归去休。""南望吴兴路四千，几时闲去云水边？名与利，付之天，笑把渔竿上画船。"她以自己的通透和智慧，成为丈夫最可靠的贤内助。

可再浓烈的感情，也会在时光中悄悄变化。中年以后，管夫人"玉貌一衰难再好"，又因繁重的家事，脾气越发暴躁。身居高位的赵孟頫觉得黄脸婆失去魅力，很想纳几个年轻貌美的小妾。可毕竟夫妻和美许多年，赵孟頫不好贸然行事，就写词试探：

"我学士，尔夫人。岂不闻：陶学士有桃叶、桃根，苏学士有朝云、暮云。我便多娶几个吴姬、越女，也无过分，你年纪已过四旬，只管占住玉堂春。"

辛苦操劳多年，夫君不但不体贴，居然还要移情别恋？换作普通的妇人，要么大骂负心汉，一哭二闹三上吊，要么强装贤惠，同意小妾进门，再黯然神伤。

管夫人却不吵不闹，只提笔回了一首《我侬词》，言辞直白，情真意切，一下子唤起了赵孟頫对她的美好感情，两人重归于好，终成一生一世一双人。

几年后，管夫人因病逝去，赵孟頫悲痛欲绝。他冒着酷暑，跋涉三千里护棺南归。又亲自书写墓志铭，深情怀念妻子："夫人云亡，夫丧贤妇，子失慈恃，家无内助。"他没有再娶，而是怀着对爱妻的思念，孤独地度过余生。三年后，赵孟頫病逝。死后，他与管夫人合葬，实现"生同一个衾，死同一个椁"。

　　管夫人是历代才女中，少有能一生幸福的女子。既因为她足够幸运，得遇良人，更因为她足够努力，始终坚持成长。爱人彼此相知，才能走得更近。夫妻相互匹敌，才能走得更远。最好的爱情，莫过于此：志同道合，互相欣赏，携手一生，相伴终老。

陈圆圆：冲冠一怒为红颜

> 三桂引兵西，至滦州，闻其妾陈为自成将刘宗敏掠去，怒，还击破自成所遣守关将；遣副将杨坤、游击郭云龙上书睿亲王乞师。
>
> ——《清史稿·吴三桂传》

十里秦淮，留下许多佳人传说，或悲或痴，或柔或烈。其中有一位佳人，她的才情与姿容，被世人称为"声甲天下之声，色甲天下之色"。她就是艳绝天下、独冠一时的陈圆圆。

而惊世的才貌带给陈圆圆的，不是幸运，而是半生的辗转漂泊，是"冲冠一怒为红颜"的祸水之名，和被迫卷入历史洪流的无可奈何。江山易主、王朝更迭的风云际会之中，从未做过妨害他人之事的陈圆圆，何尝不是被命运玩弄的可怜之人。

01

风尘飘零，不甘堕落

陈圆圆身世凄苦，幼年丧母，从小跟着养父母生活。还是孩子的她，已有惊艳乡里之姿，能歌善舞之才。为了生计，养父将她卖到苏州梨园。不久以后，梨园多了一位才貌惊世、名动江左的歌姬。她的唱腔如莺声呖呖，她的演绎从容娴雅，让"观者为之魂断"。

明艳出众的陈圆圆，从未因自己的才貌和名气而生出贪欲，也不因自己出身低微就自轻自贱，她一心只想找到一个可靠的归宿。她曾有意于吴江邹枢，可是昂贵的赎金让邹枢望而却步。身不由己的陈圆圆，被江阴贡若甫以重金赎以为妾，然而她却不为正妻所容，最终离开了贡若甫。

茫茫天地，何处是归所？在陈圆圆寂寥失意之时，遇见了慕名前来的大才子冒辟疆。她以惊世艳绝的唱腔与身段，为他演唱一曲《红梅》，冒辟疆不禁赞叹道："如云出岫，如珠在盘，令人欲仙欲死。"

离别之际，冒辟疆竟难以克制地牵住陈圆圆衣裳，与她订下当年八月再会之约。这份难舍难分之情，也让陈圆圆心生欢喜。可身陷风尘的陈圆圆，如一介浮萍，随风飘荡，有太多的无可奈何。

在等待冒辟疆之时，陈圆圆被当朝外戚权贵掠走，不知她曾经历怎样的辛酸苦难，才得以虎口脱险。当她在苏州城楼与冒辟疆重逢时，历经变故的她生出了许之终身的愿望。冒辟疆同样因这份失而复得欣喜如狂，他立即与陈圆圆订下嫁娶之约，承诺来年会娶她为妻。

心思纯粹的陈圆圆，既已与冒辟疆两情相悦，便甘愿冒着战乱之险亲自去拜访冒辟疆的母亲。

那时的她，即使生活艰难，但对未来充满希望。而生活最残忍的，就是在你失望之时，给了你一份希望，却又在你重拾希望之时，让你彻底失望。

冒辟疆因急家中之难而屡次失约，他终究辜负了陈圆圆。陈圆圆没有等到那位说过会来娶她的意中人，她等来的是再一次遭豪强劫夺。命运给了她惊世骇俗的美貌与才华，却也给了她颠沛流离的不幸生活。而无论身处何种境地，她不曾因命运的不公而放弃自己，也不曾以冠甲天下的色艺攀附荣华。

02

乱世颠沛，不慕富贵

陈圆圆毕生所求，不过是得遇良人，相携一生。可如此简单的期盼，命运从不肯施与。关于她与几位权贵之间的爱恨情仇，自古传说各有不同。

文学作品《吴三桂演义》中，陈圆圆被外戚田弘遇带入京中，献给崇祯皇帝。田弘遇精明地说："此女雅善歌笙，并工诗画，超凡仙品。藩府不敢私有，特进诸皇上。"而此时的崇祯皇帝，正焦头烂额于江山失陷、战火连绵，实在没有心力和勇气接纳美色。面对紫禁城的泼天富贵，陈圆圆不争不抢，她坚守自己的本分，也保有内心对真情的向往。

因皇帝不纳，陈圆圆回到田弘遇府中，田弘遇很快再次计划将她献出。为了结交手握重兵的吴三桂，田弘遇盛邀吴三桂前来家中赴宴。宴会之上，陈圆圆以淡妆丽质之姿，悠扬婉转之腔，惊艳了吴三桂，让他"不觉其神移心荡"。

吴三桂当下慷慨地对田弘遇说："如果你将圆圆赠我，将来若有战祸，我一定首先保护你家里平安无恙。"田弘遇的目的达到了。在他眼中，陈圆圆只是一件美丽精致的物件，为保富贵，献给皇帝；为保平安，献给将军。

可在吴三桂眼中，陈圆圆是令他心动的绝代佳人，他甘愿为她保护田家。吴三桂的话，让被辜负过的陈圆圆，感受到难能可贵的情义；让辗转流离半生的她，找到了内心的依归。

可命运就像一把无情的刀，每一次都非要将她好不容易得来的安定生活刺得千疮百孔。吴三桂奉崇祯皇帝之命前去抵御清兵，镇守山海关。北京很快失陷，农民军首领李自成建立大顺王朝。而留在京中的陈圆圆，被李自成的部将刘宗敏霸占了去。

当时，吴三桂收到李自成劫走其父亲的招安书信，已经打算降了。可是兵至滦州，收到关于陈圆圆被俘的密信，吴三桂冲冠一怒，大吼道："大丈夫不能保一女子，有何面目见人耶！"吴三桂不顾家人都在李自成手中，立即返回山海关，引清兵入关，杀得李自成的军队溃不成军，仓皇逃离。李自成也在战败之际将吴三桂家中三十几口人全部杀死。

明末诗人吴伟业怀着悲愤之情写下："恸哭六军俱缟素，冲冠一怒为红颜。"吴三桂负了家族，负了大明江山，负了自缢煤山的崇祯皇帝，可他唯独没有辜负陈圆圆。

命运给了陈圆圆太多苦难，唯一的慷慨，便是给予她一位真心相待之人。尽管这份真情，让陈圆圆背负红颜祸水的千古骂名；尽管这份真情，加速了朝代更替的历史进程。

遭遇命运的不公、世人的玩弄，不怨天尤人、不争名夺利的陈圆圆，也因为这份真情，饱尝被历史洪流所裹挟的苦涩。幸而她历经岁月沧桑，饱受生活磨难，仍以一颗坚韧勇敢的心，珍惜眼前，相信人间值得。

03

安于一隅，静而不争

陈圆圆于战火之中与吴三桂重逢，吴三桂没有嫌弃她受辱，她也不因生活的磨难而自暴自弃。陈圆圆一路跟随吴三桂，来到云南，当吴三桂被大清王朝晋爵为平西王，陈圆圆虽备受宠爱，却拒绝做他的王妃。不仅因为陈圆圆对自己微末的出身有所自知，更因为她对吴三桂"冲冠一怒"献出山海关有所自责。

而世间的感情最经不起的就是嫌隙，心态与思想的落差如同瓶上的一条裂痕，再华丽的花纹也遮盖不住，终会成为破碎的开始。陈圆圆因江山倾覆的愧疚而深深自责，吴三桂却因独霸云南而穷奢极欲，思想的偏差，让他们越走越远。

岁月给了陈圆圆淡定从容的心境，让她经得起轰轰烈烈的爱情，也受得住冷冷清清的寂寞。拥兵自重、权欲熏心的吴三桂，却在康熙十二年（1673年）起兵造反。康熙十七年（1678年），吴三桂在战乱中称帝。然而仅仅五个多月时间，吴三桂便在他所建都城衡州的皇宫中驾崩。

康熙皇帝下令，诛吴三桂九族，一生柔顺的陈圆圆，在关键时刻，为保住吴三桂后人义不容辞地担起了大责。她由吴三桂的亲信马宝护送，带着吴三桂的子孙躲避于贵州村落之中，世代绵延。

晚年的陈圆圆，在附近的寺庙中，"布衣蔬食，礼佛以毕此生"。一代佳人，终伴青灯古佛，寻求颠沛漂泊中不染尘俗的超脱心境；也不忘肩担守护吴家后人的职责，报了当年将军冲冠一怒的刻骨深情。

热闹喧嚣的红尘，风雨飘摇的乱世，出身风尘的女子往往难以保全，尤其还拥有倾国倾城的容颜与绝世无双的才情。出身之低与才貌之高，让陈圆圆难以避免辗转流离的命运。而不甘堕落、不慕荣华的品格，让她历经一生坎坷，终能保全自己，安度晚年。看尽世间冷暖，尝遍人生悲欢，不屈于命，宠辱不惊，自是一种生活境界。